Panos Terz

Völkerrecht und Internationale Beziehungen

AF881763

Panos Terz

Völkerrecht und Internationale Beziehungen

Populärwissenschaftlich

Lehrbuchverlag

Imprint

Any brand names and product names mentioned in this book are subject to trademark, brand or patent protection and are trademarks or registered trademarks of their respective holders. The use of brand names, product names, common names, trade names, product descriptions etc. even without a particular marking in this work is in no way to be construed to mean that such names may be regarded as unrestricted in respect of trademark and brand protection legislation and could thus be used by anyone.

Cover image: www.ingimage.com

Publisher:
Der Lehrbuchverlag
is a trademark of
International Book Market Service Ltd., member of OmniScriptum Publishing Group
17 Meldrum Street, Beau Bassin 71504, Mauritius
Printed at: see last page
ISBN: 978-620-0-44645-9

Copyright © Panos Terz
Copyright © 2020 International Book Market Service Ltd., member of OmniScriptum Publishing Group

Panos Terz

Völkerrecht und Internationale Beziehungen

Populärwissenschaftlich

Vorwort

Hierbei handelt es sich um populärwissenschaftliche Beiträge, die ab 2012 systematisch als Fachkommentare in der Internet-Ausgabe der folgenden Zeitungen bzw. Zeitschriften veröffentlicht worden sind: Frankfurter Allgemeine Zeitung, Süddeutsche Zeitung, Focus, Spiegel, Stern, Welt, Zeit, Tagesspiegel, Berliner Zeitung, Münchner Merkur, Neue Zürcher Zeitung und Wiener Zeitung veröffentlicht worden sind.

Ich bin davon ausgegangen, dass die Wissenschaftler die ethische Pflicht haben, ihr Wissen natürlich in verständlicher Form auch Nichtspezialisten und interessierten Bürgern zur Verfügung zu stellen. Ferner ist die Tatsache zu beachten, dass in der Epoche der starken Demokratisierung der Massenmedien die Journalisten nicht die einzigen sind, die im Rahmen der „vierten Gewalt“ die öffentliche Meinung zu formen vermögen. Hinzu gekommen sind in hohem Maße auch hochqualifizierte Wissenschaftler, die ohne Zweifel besser in der Lage sind, besonders schwierige und komplexe Themen gründlicher und überzeugender zu analysieren und darzulegen.

Im Mittelpunkt stehen hauptsächlich Fragenstellungen des Völkerrechts und der Theorie der internationalen Beziehungen in Verbindung mit gewichtigen aktuellen Problemen.

INHALTSVERZEICHNIS

1. Europa, Hellas, Orient

Consensus generalis professorum et doctorum (Allgemeine Übereinstimmung der Professoren und Doktoren): Der Alte Orient hatte gegenüber den Hellenen (Alte Griechen) einen großen historischen Vorsprung: landwirtschaftliche Revolution, erste Staaten, erste Städte, erste Gesetzbücher, erste Schulen, erste Schrift etc. Die Hellenen haben von den Orientalen (Ägypter, Syrer , Babylonier) vieles übernommen und kreativ weiter entwickelt: Sie haben übernommen von den Syrern die Schrift und die Liebesgöttin Aphrodite (Astarte, Aschterut), von den Ägyptern die Gesetzgebung, die Verwaltung, die Medizin, die Architektur, die Musiktheorie, die Geometrie und das Bibliothekswesen und von den Babyloniern die Mathematik und die Astronomie.

Die besonderen Leistungen der Hellenen sind die Demokratie, die Entdeckung des Individuums, der Freiheitsgedanke, der Wettbewerbsgedanke, die Dynamik und die Kreativität, das Theater und vor allem die Philosophie, die Theorie und die Methodologie. Die Römer haben die Leistungen der Hellenen übernommen, teilweise angewandt und das hochentwickelte Rechtswesen hinzugefügt. Gerade diese geschichtsgestaltenden Glanzleistungen der Hellenen und der Römer sind die zivilisatorische Grundlage des Kulturkreises des Abendlandes (Westen).

2. Die folgenden Völker haben nach Beendigung des Mittelalters zur Entwicklung Europas besonders beigetragen: die Italiener (Renaissance), die Engländer (Rechte und Freiheiten der Bürger, Beginn der Aufklärung, Parlamentarismus, Industrierevolution, Kapitalismus) die Franzosen (Weiterentwicklung der Aufklärung, bürgerliche Revolution, Menschenrechte, bürgerlicher Staat) und die Deutschen (Philosophie).

3. Die Zukunft Europas sind ohne Zweifel die Vereinigten Staaten von Europa. Dies allerdings setzt die Übertragung von souveränen Rechten der Staaten auf die gemeinsamen paneuropäischen Organe voraus. Jedoch gerade dagegen wenden sich nationalistische Kräfte in einigen europäischen Staaten. Darauf haben wir schon in den 80er Jahren des vergangenen Jh. hingewiesen. Dem Wesen nach handelt es sich um die letzten Zuckungen der Nationalismen, zu deren Überwindung in erster Linie die gezielte Förderung des europäischen Gedankens in den Schulen und darüber hinaus beitragen kann.

2. Kriege in Europa

Keine andere Region der Welt hatte so viele Kriege wie Europa: ca. 417 (davon zwei Weltkriege, ein 100jähriger, ein 30jähriger, und ein 7jähriger Krieg.). Davon hatte Hellas 30 (Heraklit, 6. Jh. v. Chr.:„**Der Krieg ist der Vater aller Dinge**“ – Ηράκλειτος «*Πόλεμος* πάντων μὲν *πατήρ ἐστι*») und das Imperium Romanum (Römisches Imperium) 68 Kriege.

Es ist wohlbekannt, dass in Europa seit über 70 Jahren, abgesehen von den Sezessionskriegen in Jugoslawien, und jetzt noch in der Ost-Ukraine) eine Pax Europaea (Europäischer Frieden) herrscht. D.h., dass die Europäer aus dem Zweiten Weltkrieg endlich die richtigen Lehren gezogen haben. Hoffentlich bleib es dabei.

3. Europäische Union, eine sachliche Betrachtung

Vorbemerkungen: Es ist an der Zeit, die vielen Vorzüge der EU besonders zu unterstreichen. Dabei gilt es, nicht den Euroskeptikern bzw. den ultranationalistischen Eurofeinden das Feld zu überlassen, die obwohl in allen europäischen Ländern ein Minderheit sind, allerdings so tun, als ständen hinter ihren Ansichten mindestens 70 % der Europäer. Im Unterschied dazu die Mehrheit der Bevölkerung in den europäischen Staaten ist europafreundlich eingestellt. Bis heute hat nur ein Staat (Vereinigtes Königreich) die Organisation verlassen, während aber andere Staaten den starken Wunsch hegen, ihr beizutreten.

1.Gleich im Artikel 2 des Vertrages über die Europäische Union vom 9. Mai 2008 werden ihre Werte erwähnt: "Die Werte, auf die sich die Union gründet, sind die Achtung der Menschenwürde, Freiheit, Demokratie, Gleichheit, Rechtsstaatlichkeit und die Wahrung der Menschenrechte einschließlich der Rechte der Personen, die Minderheiten angehören. Diese Werte sind allen Mitgliedstaaten in einer Gesellschaft gemeinsam, die sich durch Pluralismus, Nichtdiskriminierung, Toleranz, Gerechtigkeit, Solidarität und die Gleichheit von Frauen und Männern auszeichnet." Denken und Handeln (autoritär, antidemokratisch, intolerant, antisolidarisch etc.) der rechtspopulistischen und nationalistischen Parteien in einigen EU-Mitgliedern widersprechen diametral den Werten der Europäischen Union.

2. Die EU ist bis heute als eine internationale zwischenstaatliche Organisation mit Elementen der Supranationalität auf internationaler Ebene das erste große Beispiel dieser Art. D.h. in concreto, dass die Mitgliedstaaten Neuland beschreiten. Dass dabei hin und wieder Probleme auftreten, dürfte als etwas Normales betrachtet werden. Will man sie einschätzen, so sollte man nicht von der Prämisse der absoluten Perfektheit ausgehen, sondern das Experiment realistisch betrachten. Insgesamt kann dieses als gelungen eingeschätzt werden. Die EU hat Erfolge aufzuweisen, von denen die Völker in anderen Regionen der Welt noch nicht mal zu träumen wagen. Genannt seien nur einige Beispiele wie die Überwindung der Grenzen, in Verbindung stehende freie Verkehr von Menschen und Waren und die eigene starke gesamteuropäische Währung.

Die wichtigste Errungenschaft fast von welthistorischer Bedeutung der EU besteht darin, dass in unserem Kontinent, abgesehen von zwei Ausnahmen) seit über sieben Jahrzehnten endlich der Frieden herrscht. Es ist also kein Zufall, dass andere Staaten die EU als nachahmenswertes Beispiel betrachten und nach Europa ausgesuchte Absolventen schicken, um hier das Europarecht zu studieren und entsprechende Doktorarbeiten anzufertigen und zu verteidigen. Dies gilt insbesondere für Lateinamerika.

Die Existenz der EU kann in der Epoche der Globalisierung und der Hochtechnologien auch damit begründet werden, dass die Zeit der kleinen Staaten mit ihrer Mikroökonomie vorbei ist, und dass nur große Staaten oder Staatenbünde mit gebündelten Kräften eine entscheidende Rolle im internationalen Geschehen zu spielen vermögen. So gesehen, ist die EU für die europäischen Völker absolut notwendig. Zu den Erfolgen der EU tragen in erster Linie Deutschland und Frankreich und konkret ihre führenden Politiker bei.

3. M. E. werden die nächsten Schritte notwendig sein, um den europäischen Einigungsprozess weiter voranzutreiben , um in der Perspektive das eigentliche Ziel, die „Vereinigten Staaten von Europa" zu verwirklichen:

a) Gründung großer gemeinsamer Forschungseinrichtungen, an denen die europäische Wissenschafts-Elite arbeiten kann, um allmählich in der Perspektive die USA einzuholen.

b) Bildung einer einheitlichen Polizei, um die Kriminalität effektiver bekämpfen zu können.

c) Schaffung einer gesamteuropäischen Armee, bewaffnet hauptsächlich mit Waffen aus eigener Produktion.

d) Einführung einer gesamteuropäischen Staatsbürgerschaft.

e) Systematische und gezielte Weiterentwicklung Europas zu einem Weltzentrum der Kultur , der Freiheiten und der grundlegenden Menschenrechte. De USA sind es nicht.

Es ist wohltuend zu registrieren, dass die EU von der sich entwickelnden zweiten Supermacht der Welt China unterstützt wird. Der chinesische Führer Xi Jinping sagte, China liege viel an einem starken Europa. "Ein geeintes, blühendes Europa entspricht unserer Vision einer multipolaren Welt." Eine weitere Annäherung zwischen ihnen wäre durchaus wünschenswert.

4. EU-Regeln, Mediterrane und Balkan-Staaten

Der Terminus „Regeln" bedeutet im Grunde Normen, die im Rahmen der EU auf der Basis der Interessenkoordinierung und der Willensübereinstimmung der Mitgliedstaaten gemeinsam geschaffen worden sind. Es handelt sich nicht um irgendwelche fremde, sondern um ihre eigenen Regeln.

Historisch gesehen, gilt bereits nach dem Westfälischen Frieden (17.Jh.) und spätestens seit der Schaffung der UN-Charta und speziell seit der Wiener Vertragsrechtskonvention von 1969 der Rechtsgrundsatz pacta sunt servanda (Verträge sind einzuhalten). Hierbei geht es jedoch in erster Linie um eine mitteleuropäische Tradition, die den Ländern Süd-, Süd-Ost- und Osteuropas nicht unbedingt geläufig ist.

Organe der EU haben sich häufig veranlasst gesehen, manches Land in Süd-Europa sowie auf dem Balkan mit Vehemenz auf diesen Grundsatz, der immerhin einer der sieben Grundlegenden Prinzipien der UN-Charta und des Völkerrechts und zugleich die Hauptbasis des Internationalen Vertragsrechts ist, aufmerksam zu machen.

Sollten vorhandene Normen nicht der dynamischen Realität entsprechen, dann können die EU-Staaten hierüber verhandeln und sie gemeinsam an die neuen Realitäten anpassen. Einseitige Maßnahmen stellen jedoch eine schwerwiegende Verletzung der Regeln dar und vermögen Chaos innerhalb der EU zu verursachen. Dies entspräche möglicherweise den Absichten einiger verantwortungsloser populistisch orientierter Politiker, jedoch nicht den legitimen Interessen der Mehrheit der EU-Mitglieder.

Mit wachsender Beunruhigung beobachten wir den für die EE gefährlichen Surrealismus einiger italienischer populistischer Politiker (z.B. Salvini), deren öffentliche Erklärungen extrem voluntaristisch sind und keinesfalls die europäische Realität, sondern irgendwelche Hirngespinste widerspiegeln und außerdem die gemeinsamen gesamteuropäischen Interessen völlig außer Acht lassen. Kurzum: Emotio vor Ratio und nationalegoistisch.

5. Nation, Patriotismus, Nationalismus, Nationalbewusstsein

Nation: 1. Eine Menschengruppe ist davon überzeugt, dass ihre Mitglieder gemeinsame ethnische, sprachliche, historische, kulturelle und geographische Charakteristika besitzen. 2. Durch diese Charakteristika unterscheiden sie sich von anderen Menschengruppen, die ihrerseits eigene Merkmale aufweisen. Eins steht fest: Die Nation wird nicht so schnell verschwinden. Es sei auf das hochentwickelte Nationalbewusstsein der Amerikaner, der Russen, der Chinesen, der Japaner, der Franzosen, der Engländer, der Polen, der Russen, der Balkan-Völker etc. hingewiesen.

Patriotismus: Dieser Begriff bedeutet die Einstellung eines Menschen die in engem Zusammenhang mit der emotionalen Bindung, mit den Werten, der Geschichte, der Tradition, der Kultur etc. des Vaterlandes steht. Der eigentliche Sinn des Patriotismus ist schlicht und einfach die Liebe zum Vaterland.

Der Patriotismus ist ein Produkt der Französischen Revolution von 1789 . Die Marseillaise z.B. fordert die Söhne des Vaterlandes, dieses zu verteidigen: "Allons enfants de la Patrie, Le jour de gloire est arrivé! Contre nous de la tyrannie, L'étendard sanglant est levé".

Der deutsche Patriotismus ist in der Zeit des Befreiungskrieges gegen Napoleon entstanden. Die Kämpfer wurden als Patrioten bezeichnet. Inzwischen gibt es, was den Patriotismus anbelangt, hin und wieder neuere Formulierungen wie z.B. "Verfassungspatriotismus" (ehemaliger Bundespräsident Herzog) und "demokratischer Patriotismus" (Bundespräsident Steinmeier).

Nationalismus: In Europa gibt es grundsätzlich zwei Interpretationen: a) Die französische, die neutral ist und bedeutet dem Wesen nach Patriotismus, es liegt also eine Gleichsetzung der beiden Begriffe vor. Die meisten europäischen Völker haben sie übernommen. b) Die deutsche Interpretation versteht unter Nationalismus etwas Negatives und zwar ein übertriebenes und intolerantes Nationalbewusstsein, nachdem die Größe der eigenen Nation als höchste Wertvorstellung betrachtet wird. Diese Interpretation ist von den Völkern Nord- und Osteuropas übernommen worden.

In der jüngeren Geschichte ist der Begriff Nationalismus im Rahmen des antikolonialen Befreiungskampfes zuerst in den arabischen und danach in allen afrikanischen Ländern sehr positiv verwendet worden. Es ist uns in den 60er Jahren des vergangenen Jh. aufgefallen, dass unsere Studenten aus Afrika und Asien ausschließlich den Begriff Nationalismus benutzten, während das Wort Patriotismus keine Verwendung fand. Davon wiederum zu unterscheiden sind die lateinamerikanischen Völker, die dem Begriff Patriotismo den Vorrang gaben (z.B. in Kuba „Patria o muerte“: „Vaterland oder Tod“).

Literatur:

-D. Nohlen/F. Grotz (Ed.), Kleines Lexikon der Politik, München 2015, S.403.

6. Supermacht, Großmacht , Mittlere Macht und Regionalmacht aus Sicht der Theorie der internationalen Beziehungen, Russland

Seit einiger Zeit stellen wir fest, dass Russland mit Vehemenz versucht, die Welt zu überzeugen, eine Supermacht zu sein, ohne deren Beitrag die internationalen Probleme nicht gelöst werden könnten. Dabei wird in erster Linie seine militärische Stärke mit Nachdruck unterstrichen. Es drängt sich die Frage auf, ob Russland tatsächlich eine Supermacht wie die frühere Sowjetunion ist.

1. Zu den Charakteristika einer Supermacht gehört nicht nur die militärische Komponente, sondern auch die Wirtschaft (Quantität und Qualität), die Bevölkerungsgröße, der Stand der Hochtechnologien, der Stand der Wissenschaft, die Effizienz der Verwaltung , die Naturressourcen und der Einfluss auf die internationale Politik bzw. Diplomatie.

2. Bis zum Zusammenbruch des „Realen Sozialismus" bestand eine bipolare Welt hauptsächlich von den beiden Supermächten USA und Sowjetunion mit ihren Einflusssphären auf der Basis des "Gleichgewichts des Schreckens", was in erster Linie tatsächlich zur Gewährleistung des Weltfriedens und der internationalen Sicherheit beigetragen hat.

3. Nach dem Untergang der Sowjetunion sind die USA die einzige Supermacht und sind sich dessen zwar durchaus bewusst, sie neigen jedoch dazu, diese besondere Stellung zu missbrauchen, um ihre egoistischen Interessen durchzusetzen. Dabei respektieren sie nicht in jedem Fall die Völkerrechtsprinzipien und andere Regeln in den internationalen Beziehungen. Die USA weigern sich ferner, zur Lösung der globalen Probleme der Menschheit beizutragen.

4. Schon vor einigen Jahren hat Putin in einer gewichtigen Rede vor Unternehmern zugegeben, dass Russland nur 30% der Arbeitsproduktivität des Westens erreicht und außerdem die Hochtechnologien vernachlässigt hat. In der Tat Russland exportiert große Mengen von Rohstoffen fast wie ein Entwicklungsland und verkauft Waffensysteme. Andere Einnahmequellen in den internationalen Wirtschaftsbeziehungen hat es nicht.

Russland hat im BIP von 2018 (in Mrd. US-Dollar, 1.719) den 11. Platz inne und steht nach Indien, Italien, Brasilien und Kanada. Zum Vergleich: USA: 20.412, China: 14.092, Japan: 5.167, Deutschland: 4.211). Russland kann zwar auf militärischem Gebiet als Supermacht, jedoch unter Beachtung der anderen Merkmale nur als eine Großmacht eingeschätzt werden. Insgesamt kann Russland lediglich als eine Großmacht auf ökonomischen tönernen Füßen qualifiziert werden.

5. Es gibt auch andere Großmächte, wie z B. Japan (Wirtschaft, Hochtechnologien, Wissenschaft, Verwaltung etc.) und Indien (vor allem Atommacht, teilweise auch Wirtschaft und Erfolge in den Hochtechnologien).

6. China entwickelt sich allmählich systematisch und äußerst dynamisch zur zweiten Supermacht und hat bereits den Status der zweiten Weltwirtschaftsmacht erlangt. Parallel zu dieser Wirtschaftsdynamik wird auf Hochtouren die gesamte Armee auf allen Gebieten auf der Basis der entwickelten

Hochtechnologien modernisiert. Die USA beobachten diese Entwicklung mit wachsender Beunruhigung derart, dass der Präsident Tramp China zum größten Feind der USA expressis verbis erklärt hat. ER meinte ferner, die USA werden alles unternehmen, um zu verhindern, dass China stärker wird und so die Sicherheit der USA gefährden könnte.

Es ist anzunehmen, dass sukzessive ein neues bipolares Gleichgewicht entsteht in einer möglicherweise polygonalen Welt (USA, China, Russland, Japan, Europäische Union, Indien, Vereinigtes Königreich, Frankreich, Deutschland). Dabei kann nicht ausgeschlossen werden, dass in der Perspektive China die USA überholen könnte.

7. Außer der Supermacht USA und den Großmächten können auch mittlerer Mächte geortet werden, wie z.B. die Atommacht Vereinigtes Königreich (früher eine Großmacht) , ebenfalls die Atommacht Frankreich (früher teilweise eine Großmacht), und der Wirtschaftsriese, aber militärisch unbedeutend Deutschland (ebenfalls früher eine Großmacht), dessen internationaler Einfluss minimal ist.

8. Erwähnt seien auch die Regionalmächte wie z.B. die wegen der inneren Instabilität gefährliche Atommacht Pakistan und die von einer besonderen internationalen Rolle neo- osmanisch träumende Türkei in Asien und Brasilien in Lateinamerika, das bis vor kurzem im Sinne des surrealismo latinoamericano glaubte, eine internationale Großmacht zu sein.

Literatur:

-P. Terz, Gleichgewichtstheorie, Geschichte, Gegenwart, Prognose, Riga 2019, ISBN 978-620-0-44488-2 , S. 62-68.

7. Gleichgewicht, Gegengewichte, Prognose

Prognostische Aussagen: Insgesamt könnten bezüglich der Probleme des Gleichgewichts, der Gegengewichte und der Hegemonie die folgenden prognostischen aussagen getroffen werden:

a) Spätestens nach 15 Jahren wird es zwei Supermächte geben: die USA und China.

b) Die USA hätten danach die Chance, die Führerschaft der westlichen und China die Führerschaft der konfuzianisch geprägten Welt zu übernehmen.

c) Beide Supermächte könnten konkurrieren und zugleich so kooperieren, dass sie gemeinsam die Führerschaft bei der Lösung der globalen Probleme der Menschheit übernehmen.

d) Die Konkurrenz zwischen ihnen könnte auch die Form des militärstrategischen „Gleichgewichts des Schreckens" annehmen.

e) Die Europäische Union sowie Indien könnten sich zu besonderen Großmächten entwickeln. Auf den Gebieten der Ökonomie und der Hochtechnologie würden sie gemeinsam mit Japan den Staus von Supermächten erreichen.

f) Russland würde weiterhin die Rolle einer Großmacht spielen.

g) Die Welt wird polygonal bzw. multipolar sein. Die oben genannten Supermächte und Großmächte werden die Pole sein. Darauf wird sich ein Weltgleichgewicht komplexen Charakters stützen. Die militärische Komponente wird generell eine kleinere Rolle spielen. Die Bedeutung der UNO und des Völkerrechts wird erheblich zunehmen.

Literatur:
-P. Terz, Gleichgewichtstheorie, Geschichte, Gegenwart, Prognose, Riga 2019, ISBN 978-620-0-44488-2.

8. Rassendiskriminierung, Historische und Völkerrechtliche Aspekte

Populärwissenschaftliche Erläuterungen.
Diese komplexe Thematik war Jahre lang Gegenstand von Universitätsvorlesungen des Autors im Fach Völkerrecht sowie mehrerer Diplomarbeiten und einer Doktorarbeit.

Rasse und Rassendiskriminierung.
Ausgangspunkt ist das Internationale Übereinkommen zur Beseitigung jeder Form von Rassendiskriminierung 1966. Einige Jahre vor der Verabschiedung dieser Konvention sind im Rahmen der Vereinten Nationen zahlreiche Untersuchungen über die verschiedenen Dimensionen der Rassenproblematik mit dem Ziel durchgeführt worden, die Rassendiskriminierung international zu verbieten.

Die Prämisse war zwar, dass es aus Sicht der Anthropologie und der Biologie Rassen gibt, jedoch es sei besser, diesen Begriff losgelöst von der Diskriminierung nicht mehr zu verwenden. Auch der sehr interpretationsfähige Terminus Rassismus (es lagen mehrere Definitionen vor) hat sich für die Zwecke der Konvention als ungeeignet erwiesen.

Jedoch der Begriff Rasse wird expressis verbis in einer Standardformulierung in allen internationalen Dokumenten verwendet, die sich mit den Menschenrechten befassen. Folgend sollen die wichtigsten Dokumente erwähnt werden:

-„Allgemeine Erklärung der Menschenrechte" von 1948 (Artikel 2): „Jeder hat Anspruch auf die in dieser Erklärung verkündeten Rechte und Freiheiten ohne irgendeinen Unterschied, etwa nach Rasse, Hautfarbe, Geschlecht, Sprache, Religion, politischer oder sonstiger Überzeugung, nationaler oder sozialer Herkunft, Vermögen, Geburt oder sonstigem Stand."

-„Internationaler Pakt über bürgerliche und politische Rechte" von 1966 (Artikel 2, Abs.1): „Jeder Vertragsstaat verpflichtet sich, die in diesem Pakt anerkannten Rechte zu achten und sie allen in seinem Gebiet befindlichen und seiner Herrschaftsgewalt unterstehenden Personen ohne Unterschied wie insbesondere der Rasse, der Hautfarbe, des Geschlechts, der Sprache, der Religion, der politischen oder sonstigen Anschauung, der nationalen oder sozialen Herkunft, des Vermögens, der Geburt oder des sonstigen Status zu gewährleisten"

-„Internationales Übereinkommen zur Beseitigung jeder Form von Rassendiskriminierung" vom 1966 (Artikel 1, Abs. 1): „In diesem Übereinkommen bezeichnet der Ausdruck

„Rassendiskriminierung" jede auf der Rasse, der Hautfarbe, der Abstammung, dem nationalen Ursprung oder dem Volkstum beruhende Unterscheidung, Ausschließung, Beschränkung oder Bevorzugung, die zum Ziel oder zur Folge hat, dass dadurch ein gleichberechtigtes Anerkennen, Genießen oder Ausüben von Menschenrechten und Grundfreiheiten im politischen, wirtschaftlichen, sozialen, kulturellen oder jedem sonstigen Bereich des öffentlichen Lebens vereitelt oder beeinträchtigt wird".

Ausführlicher ist Artikel 4: „Die Vertragsstaaten verurteilen jede Propaganda und alle Organisationen, die auf Ideen oder Theorien hinsichtlich der Überlegenheit einer Rasse oder einer Personengruppe bestimmter Hautfarbe oder Volkszugehörigkeit beruhen oder die irgendeine Form von Rassenhass und Rassendiskriminierung zu rechtfertigen oder zu fördern suchen; sie verpflichten sich, unmittelbare und positive Maßnahmen zu treffen, um jedes Aufreizen zur Rassendiskriminierung und alle rassisch diskriminierenden Handlungen auszumerzen; zu diesem Zweck übernehmen sie unter gebührender Berücksichtigung der in der Allgemeinen Erklärung der Menschenrechte niedergelegten Grundsätze und der ausdrücklich in Artikel 5 des vorliegenden Übereinkommens genannten Rechte unter anderem folgende Verpflichtungen: a) jede Verbreitung von Ideen, die sich auf die Überlegenheit einer Rasse oder den Rassenhass gründen, jedes Aufreizen zur Rassendiskriminierung und jede Gewalttätigkeit oder Aufreizung dazu gegen eine Rasse oder eine Personengruppe anderer Hautfarbe oder Volkszugehörigkeit sowie jede Unterstützung rassenkämpferischer Betätigung einschließlich ihrer Finanzierung zu einer nach dem Gesetz strafbaren Handlung zu erklären, b) alle Organisationen und alle organisierten oder sonstigen Propagandatätigkeiten, welche die Rassendiskriminierung fördern und dazu aufreizen, als gesetzwidrig zu erklären und zu verbieten und die Beteiligung an derartigen Organisationen oder Tätigkeiten als eine nach dem Gesetz strafbare Handlung anzuerkennen, c) nicht zuzulassen, dass staatliche oder örtliche Behörden oder öffentliche Einrichtungen die Rassendiskriminierung fördern oder dazu aufreizen".

-**„AMERICAN CONVENTION ON HUMAN RIGHTS" from 1969 (Artikel 1, 1):** „The States Parties to this Convention undertake to respect the rights and freedoms recognized herein and to ensure to all persons subject to their jurisdiction the free and full exercise of those rights and freedoms, without any discrimination for reasons of race, color, sex, language, religion, political or other opinion, national or social origin, economic status, birth, or any other social condition".

- Sogar die „Afrikanische Charta der Rechte der Menschen und Völker" von 1981 (Artikel 2): „Jeder Mensch hat Anspruch auf die in dieser Charta anerkannten und garantierten Rechte und Freiheiten ohne irgendwelche Unterscheidung, wie etwa nach Rasse…"

-„Internationale Konvention über die Bekämpfung und Bestrafung des Apartheid- Verbrechens von 1973": Artikel 1: „Rassentrennung," „Rassendiskriminierung", Artikel 4 „Rassentrennungspolitik",, Artikel 2 „rassische Gruppen", etc.

In diesem Rahmen bewegt sich verständlicherweise auch Artikel 3 des Grundgesetzes Deutschlands: Artikel 3: (1) „Alle Menschen sind vor dem Gesetz gleich. (2) Männer und Frauen sind gleichberechtigt. Der Staat fördert die tatsächliche Durchsetzung der Gleichberechtigung von Frauen und Männern und wirkt auf die Beseitigung bestehender Nachteile hin. (3) Niemand darf wegen seines Geschlechtes, seiner Abstammung, seiner Rasse, seiner Sprache, seiner Heimat und Herkunft, seines Glaubens, seiner religiösen oder politischen Anschauungen benachteiligt oder bevorzugt werden. Niemand darf wegen seiner Behinderung benachteiligt werden.“

Bei der Verwendung des Begriffes Rasse handelt es sich also nicht um etwas Diskriminierendes, sondern um einen neutralen und beschreibenden TERMINUS, verwendet in allen in Frage kommenden internationalen Dokumenten. Schlussfolgerung: Der Vorschlag der Grünen, diesen angeblich diskriminierenden Begriff im Grundgesetz durch einen anderen zu ersetzen ist weder verständlich, noch sinnvoll, noch nötig.

Ein Spezial-Doktorand aus Botswana hat Mitte der 60er Jahre an unserem Institut für Völkerrecht hierüber seine Dissertation verfasst und erfolgreich verteidigt und stellte fest, dass es sinnvoller sei, sich nicht ausführlich mit der Rasse und dem Rassismus, sondern schwerpunktmäßig mit der Diskriminierung zu befassen.

Es ist wohl nützlich, einigen historischen Aspekten der Problemstellung Aufmerksamkeit zu schenken: Der Begründer des gewaltigen Imperium Persicum Kurusch (Kyros) ließ vor seinem Tod auf die künftige Grabplatte folgendes schreiben: „Ich Kurusch, ein Arya (Arier), Sohn eines Aryas“ (Arier bedeutet im Altpersischen und im Sanskrit „Der Edle“, Iraner heißt Arya, und Iran bedeutet „Land der Arier“). Dieser prägnante Satz bringt einfach Stolz zum Ausdruck. Hierbei handelt es sich nur andeutungsweise um Rassismus. Die Chinesen glaubten Jahrhunderte lang, der Mittelpunkt der Erde zu sein und empfanden sich den anderen Ethnien überlegen, ohne sie diskriminieren zu wollen. Diesen Fall können wir als Ethnozentrismus (Sinozentrismus) und teilweise als Rassismus charakterisieren.
Die alten Griechen nannten alle anderen Völker Barbaren (ursprünglich hethitisches Wort), allerdings sie meinten „Die unverständlich Sprechenden“. Erst die Angehörigen des Imperium Romanum verwendeten diesen Begriff vor allem gegen die Germanen verächtlich und als Ausdruck ihres kulturellen Überlegenheitsgefühls.
Bei den spanischen Conquistadores (Eroberer) ist eine extrem unmenschliche Besonderheit zu konstatieren, welche die Indigenen Ethnien in Lateinamerika nicht als Menschen, sondern als Tiere oder höchstens als Wesen zwischen Mensch und Tier betrachteten. Dies stieß auf den Widerstand einiger humanistisch gesinnter Theologen und Juristen, die versuchten nachzuweisen, dass es sich um menschliche Wesen handelt. Theorie und Praxis der spanischen Eroberer war brutaler und tödlicher Rassismus par excellence.

Aber der moderne Rassismus begann Ende des 19. Jh. in Frankreich als es darum ging, die „minderen“ nordafrikanischen Völker zu kolonisieren. Hierbei handelt es sich um den typischen Fall der rassischen „Überlegenheit“ als Instrument der Expansions- und Kolonisierungspolitik. Von Frankreich hat Deutschland den Rassismusgedanken übernommen, und die Nationalsozialisten haben ihn bis zur Perversion weiterentwickelt, was bekanntlich zur Shoa (nicht Holocaust) der Juden führte.

9. Völkermord (Genozid) aus Sicht der Geschichte und des Völkerrechts

In der postmodernen Zeit ist es allmählich zu einer Verneinung bzw. zu einem terminologischen Chaos gekommen. Insbesondere im europäischen Süden passiert es hin und wieder, dass international anerkannte Fachtermini (termini scientifici) politisch extrem extensiv so interpretiert werden, dass sogar die Beeinträchtigung des Lebensstandards eines Volkes im Zusammenhang mit gewaltigen Auslandsschulden als Völkermord qualifiziert wird.

Daher ist es m.E. erforderlich, aus völkerrechtlicher Sicht zu dieser Problematik populärwissenschaftlich Stellung zu nehmen, sonst bleibt es bei Allgemeinplätzen ohne besonderen Wert.

Folgend steht im Mittelpunkt des vorliegenden Fachbeitrages die völkerrechtliche Bestimmung des Tatbestandes des Völkermordes, wie er in der „Konvention über die Verhütung und Bestrafung des Verbrechens des Völkermordes“ vom 9. Dezember 1948 (In Kraft getreten am 12. Januar 1951) formuliert worden ist.

Artikel II

„In dieser Konvention bedeutet Völkermord eine der folgenden Handlungen, die in der Absicht begangen wird, eine nationale, ethnische, rassische oder religiöse Gruppe als solche ganz oder teilweise zu vernichten: a)Angehörige einer solchen Gruppe zu töten; b)Angehörige einer solchen Gruppe schweren körperlichen oder geistigen Schaden zuzufügen; c) vorsätzlich solche Lebensbedingungen für eine Gruppe zu schaffen, die darauf abzielen, ihre physische Vernichtung ganz oder teilweise herbeizuführen; d) Maßnahmen zu verhängen , die auf eine Geburtenverhinderung innerhalb einer solchen Gruppe gerichtet sind; e) gewaltsam Kinder aus einer Gruppe in eine andere Gruppe zu überführen“.

Es wird darauf verwiesen, dass diese Konvention universellen Charakter besitzt und zu der besonderen Kategorie des jus cogens-Normen (zwingendes Recht) gehört, d.h. es gilt auch für Staaten, welche sie nicht unterzeichnet und ratifiziert haben.

In der Geschichte sind drei unterschiedliche Kategorien von Völkermord zu konstatieren: a) Der Völkermord betrifft andere Ethnien , wie z.B. der spanischen Conquistadores gegen die indigenen Völker in Südamerika, der Osmanen gegen die Armenier, von Saddam Hussein gegen die Kurden, von Idi Amin gegen eine ganze Ethnie, in Ruanda der Hutus gegen die Tutsis und in Myanmar (*Birma*) gegen die muslimische Minderheit der *Rohingyas*; b) gegen das eigene Volk wie z.B. in Kambodscha (ca. 30% der Bevölkerung ist vernichtet worden); und c) gegen eine Ethnie, die eigene Staatsbürger bzw. Bürger anderer Staaten in Europa waren (Nationalsozialistisches Deutschland gegen die Juden). Dieser Völkermord ist fälschlicherweise lange als Holocaust bezeichnet worden, während der Begriff Shoah das Wesen des Verbrechens zutreffender zum Ausdruck bringt.

10. Die Meinungsfreiheit ist nicht absolut, gegen die Rechtsradikalen Hetzer

Unbedingt lesen, denn je niedriger die Bildung ist, desto größer ist die Neigung zu hetzen und desto verlockender ist das Sirenengeheul der Menschen- und Demokratiefeindlichen Rechtspopulisten und Rechtsradikalen.

Internationaler Pakt über bürgerliche und politische Rechte vom 16. Dezember 1966 „Artikel 19

(1) Jedermann hat das Recht auf unbehinderte Meinungsfreiheit.

(2) Jedermann hat das Recht auf freie Meinungsäußerung; dieses Recht schließt die Freiheit ein, ohne Rücksicht auf Staatsgrenzen Informationen und Gedankengut jeder Art in Wort, Schrift oder Druck, durch Kunstwerke oder andere Mittel eigener Wahl sich zu beschaffen, zu empfangen und weiterzugeben.

(3) Die Ausübung der in Absatz 2 vorgesehenen Rechte ist mit besonderen Pflichten und einer besonderen Verantwortung verbunden. Sie kann daher bestimmten, gesetzlich vorgesehenen Einschränkungen unterworfen werden, die erforderlich sind a) für die Achtung der Rechte oder des Rufs anderer; b) für den Schutz der nationalen Sicherheit, der öffentlichen Ordnung (ordre public), der Volksgesundheit oder der öffentlichen Sittlichkeit.

Artikel 20

(1) Jede Kriegspropaganda wird durch Gesetz verboten.

(2) Jedes Eintreten für nationalen, rassischen oder religiösen Hass, durch das zu Diskriminierung, Feindseligkeit oder Gewalt aufgestachelt wird, wird durch Gesetz verboten."

11. Flüchtlingsstatus Grundsätzliches

Zwischen der Realität und der Idealität gibt es Unterschied.

In dem Drama „Die Schutzflehenden" (Iketides) des altgriechischen Dichters Aischylos sagt der Führer der Flüchtlinge zu ihnen: „Seid bescheiden-Ihr seid hier Fremde und arm-Es gehört sich nicht als schwache dreiste zu sein."

Nach dem Internationalen Flüchtlingsrecht („Konvention über die Rechtsstellung des Flüchtlings" von 1951) werden gleich im Artikel 1 die Voraussetzungen für die Gewährung des Asylrechts genannt:

a)„begründete Angst vor Verfolgung" seitens des staatlichen Stellen des Heimatlandes.

b)Verfolgung wegen der Rasse, der Religion, der Nationalität, der Zugehörigkeit zu einer konkreten sozialen Gruppe oder wegen der politischen Überzeugung.

c) Die betreffende Person befindet sich bereits außerhalb des eigenen Landes.

d) Es ist nicht erlaubt, ihm weniger Rechte zu gewähren im Vergleich mit den offiziellen Ausländern (Bürger anderer Staaten).

Es wird als selbstverständlich vorausgesetzt, dass die betreffende Person nicht illegal die Grenze überschreitet und außerdem sich ausweisen muss. Die Realität sieht jedoch insofern ganz anders aus, als es sich in den meisten Fällen nicht um Flüchtlinge im Sinne der obigen Konvention und damit des Völkerrechts, sondern dem Wesen nach um Armutsflüchtlinge im Rahmen einer sich ständig verstärkenden Völkerwanderung handelt.

Wie dem auch sei, jeder Staat ist verpflichtet, die eigenen legitimen Interessen international durchzusetzen und sich in erster Linie um die eigenen Bürger zu kümmern. Diese Pflicht ergibt sich automatisch aus dem Rechtsverhältnis der Staatsbürgerschaft. Ausgehend von seinen Interessen kann er dann entscheiden, wer in sein Gebiet natürlich legal einreist und wie lange er dort leben darf.

Der Flüchtling ist natürlich verpflichtet, die Gesetze, insbesondere die in der Verfassung verankerten Prinzipien und Normen sowie die allgemein geltenden sozialen Normen zu respektieren. Er muss sich von Gewohnheiten und traditionellen Wertvorstellungen, welche den obigen Prinzipien und Normen widersprechen, konsequent und endgültig trennen. Aus Gründen „der nationalen Sicherheit und der Ordnung" ist es möglich, Flüchtlinge, welche die Gesetze verletzen, auszuweisen (Art.32), es sei denn im Falle der Rückkehr in ihr Heimatland, droht Gefahr der Verhaftung, der Folterung oder des Todes (Art.33). All dies dürfte eigentlich kristallklar sein.

Abstrakter Humanismus ist m. E. fehl am Platze.

12. Migrations-„Pakt" der UNO, Migration als Globales Problem, Migration kein Menschenrecht

Die Migration hat gegenwärtig bereits die Qualität eines globalen Problems erreicht und berührt direkt oder mittelbar die Interessen aller Staaten. Daher ist es absolut notwendig für die Staaten, auf der Basis des Völkerrechtsprinzips der friedlichen internationalen Zusammenarbeit zu kooperieren, um eine für alle Staaten befriedigende Lösung zu erzielen. Das Fernbleiben einiger Staaten unter Berufung auf eine fast absolute Souveränität kann hingegen als unethisch und interessenegoistisch eingeschätzt werden. Wird schnell keine Lösung des Problems gefunden, so wird dieses der ganzen Menschheit auf die Füße fallen. Dann wird es allerdings zu spät sein.

1. Aus der Sicht der internationalen Normenbildungstheorie und der Vertragstheorie stellt der Migrations - Pakt der UNO vom 11.Dezember2018 keinen völkerrechtlichen Vertrag, sondern ein unverbindliche Dokument dar. D.h. in concreto, dass sich aus ihm keine bindenden Pflichten für die 192 Staaten ergeben, welche es lediglich gebilligt haben.

2. Der Migrations - Pakt kann als Empfehlung oder als allgemeine Handlungsanweisung eingeschätzt werden. Vertragstheoretisch könnte er sogar in einen völkerrechtliche Vertag umgewandelt werden oder sich allmählich zu Völkergewohnheitsrecht entwickeln, vorausgesetzt, dass die Staaten es wollen (voluntas juris: Rechtswille) oder wenn die opinio juris (Rechtsüberzeugung) der Staaten vorliegt.

3. Das Hauptziel des Dokuments ist die Migration global zu steuern und sicher zu gestalten.

4. Im Dokument wird ein Zusammenhang zwischen den bereits vorhandenen Menschenrechtskonventionen und der Migrationsproblematik hergestellt. Allgemein gehalten, ist dies schon richtig, aber die „Internationale Konvention über politische und Bürgerrechte" vom 16.Dezember 1966 kennt zwar

das Freizügigkeitsrecht des Bürgers, das allerdings sich auf die freie Ausreise erstreckt jedoch keinesfalls die freie und ungehinderte Einreise von Ausländern enthält.

5. Alle Fragen die mit der Einreise zusammenhängen, unterliegen der ausschließlichen Kompetenz des jeweiligen Staates, was aus seiner Souveränität abgeleitet wird. Alle Fragen die mit der Einreise zusammenhängen, unterliegen der ausschließlichen Kompetenz des jeweiligen Staates (z.B. USA, Kanada, Australien etc.). Im Völkerrecht gib es kein Menschenrecht auf Einreise bzw. auf Einwanderung. Eine illegale Einwanderung ist ohnehin nicht zulässig. Ich empfehle, die internationalen Dokumente nicht losgelöst vom Völkerrecht zu lesen.

6. Dennoch ist es in der Zeit einer globalisierten Welt nicht unbedingt als sinnvoll und richtig einzuschätzen den „Migrations - Pakt“ ohne einen besonderen Grund zu verlassen.

13. Flüchtlingsprobleme in Deutschland, Abschiebung Krimineller Flüchtlinge

Überblick

1. Flüchtling, der illegal ins Land gekommen ist, hat normalerweise kein „Menschenrecht“ auf Einreise und Verbleib.

2. Hat er noch dazu seine Identifikationsdokumente absichtlich vernichtet, dann handelt es sich um einen Betrüger. Ihm darf sowieso kein Bleiberecht gewährt werden.

3. Wird ein illegal eingereister oder ein abgelehnter Flüchtling kriminell, dann kommt indirekt die Internationale Flüchtlingskonvention von 1951 zur Anwendung, die eigentlich für anerkannte Asylanten gilt. Aus Gründen „der nationalen Sicherheit und der Ordnung“ ist es möglich, Flüchtlinge, welche die Gesetze verletzen, auszuweisen , es sei denn im Falle der Rückkehr in ihr Heimatland droht Gefahr der Verhaftung, der Folterung oder des Todes (Art.33). Diese Fälle sind selten. In diesem gewichtigen internationalen Dokument ist nicht die Rede von „sicheren“ oder „unsicheren“ Heimatländern.

Artikel 16a, Abs.3 des Grundgesetzes erwähnt Gründe, wann die Abschiebung nicht realisiert werden darf. Dieser Artikel wird jedoch extensiv interpretiert, weil nicht in jedem Falle derartige Gründe vorliegen. Übrigens die meisten syrischen Flüchtling kamen aus den sicheren Lagern in der Türkei nach Deutschland, und außerdem die Kriminellen unter ihnen haben das Recht verwirkt, hier zu bleiben. Es widerspricht ferner zutiefst dem common sense (gesunder Menschenverstand), dass kriminelle weiterhin hier bleiben und auf Kosten der Steuerzahler ein relativ gutes Leben führen.

Bei den Flüchtlingen muss man differenzieren. Nicht alle sind Unschuldsengel und vernünftig. Unter ihnen gibt es sehr viele Desperados und etliche Kriminelle und Hasardeure. Einige kommen mitunter aus den rückständigsten Regionen der Erde mit extrem archaischen Welt- und Menschenbildern. Die brutale Gewaltanwendung etc. und speziell das Messerstechen sind ganz normaler Bestandteil ihres Lebens. Es ist ferner zu beachten, dass die meisten dem islamischen Kulturkreis angehörenden Menschen über kein Rechtsbewusstsein oder besser Unrechtsbewusstsein nach westlichen Kriterien verfügen. Mir ist bekannt, dass sie das Nichtergreifen harter Strafen als Schwäche des demokratischen Staates betrachten und sich mitunter darüber lustig machen.

4. Die schnellste Ausweisung krimineller Flüchtlinge ist außerdem ein Gebot des gesunden Menschenverstandes und entspricht vollauf den grundlegenden Interessen der eigenen Staatsbürger, gegenüber denen der Staat eine Schutzpflicht hat.

5. Die Bevölkerung ist neben der Herrschaftsausübung und dem Territorium seit Aristoteles ein integraler Bestandteil des Staates und die Grundlage der Personalhoheit, auf die sich die Staatsbürgerschaft stützt. Aus ihr ergibt sich die Schutzpflicht des Staates gegenüber seinen Staatsbürgern. Jeder Staat entscheidet auf Grund seiner Souveränität und unter Beachtung seiner Interessen über die Einreise von Ausländern, es sei denn es gibt eine andere rechtliche Regelung wie z.B. innerhalb der Europäischen Union.

6. Es gilt, zwischen der Idealität und der Realität zu unterscheiden, andernfalls besteht für die Politiker die große Gefahr, irreparable Fehler zu machen und die legitimen Interessen des eigenen Volkes mit verhängnisvollen Folgen für den Zusammenhalt der Nation und der Gesellschaft zu missachten.

7. Globalisierung bedeutet nicht unbedingt, die Tore für die gesamte Menschheit offen zu halten, wie einige Utopisten meinen. Man kann auch mit anderen Ländern, wie z.B. mit Russland, mit China, mit Japan, sowie mit den Demokratien (USA, Australien, New Seeland etc.) vergleichen. Wie sieht es bei ihnen mit der illegalen Einreise aus?

14. Multikulturalismus

Multikulturalismus, sachlich, systematisch

Obwohl seit Jahren Fachwissenschaftler und insbesondere Soziologen und Kulturtheoretiker mit dem Phänomen des Multikulturalismus befassen, stellen wir fest, dass es keine einheitliche Definition gibt. Dies ist vielleicht der Grund dafür, dass eine vernünftige Diskussion hierüber kaum möglich ist. Gleiches gilt auch für den übergeordneten Begriff der Kultur, der mitunter mit dem Begriff der Zivilisation verwechselt wird.

Folgend seien die Hauptauffassungen über den Multikulturalismus dargestellt.

a) In einem konkreten Land existieren gleichzeitig unterschiedliche oder sogar konträre Kulturen ohne Beziehungen untereinander.

b) Neben der einheimischen Hauptkultur („Leitkultur") bestehen weitere Kulturen, die jedoch nicht gleichberechtigt mit der einheimischen Kultur sind.

c) Es gibt gleichberechtigte Kulturen, die sich gegenseitig beeinflussen.

d) Zwar sukzessive Anpassung auf freiwilliger Basis der fremden Kulturen an die Hauptkultur, jedoch bei Beibehaltung einiger Elemente der eigenen Kultur. D.h. Integration aber keine kulturelle

Assimilation. Dagegen wendet sich vehement der türkische Präsident Erdogan, wobei er die Begriffe Integration und Assimilation verwechselt.

Bei diesen Hauptauffassungen sollten bestimmte Faktoren beachtet werden, wie z.B., ob das Land ehemalige Kolonialmacht ist, ob es sich um Menschen aus dem gleichen Kulturkreis handelt, und ob die fremde Kultur aufklärerisch - demokratisch oder stark religiös-autoritär oder extrem archaisch, wie in Afghanistan, geprägt ist. Die Klärung dieser essentiellen Fragestellungen ist bei der Integration von Menschen fremder Kulturen von ausschlagender Bedeutung.

Des Weiteren ist zu prüfen, wann es beim Zusammentreffen unterschiedlicher oder sogar konträrer Kulturen mitunter schwerwiegende Probleme ethno-religiösen und politischen Charakters entstehen. In diesem Falle könnte man von einer tickenden Bombe für den sozialen Zusammenhang sprechen.

Insgesamt kann festgestellt werden, dass bei Nationalkulturen innerhalb desselben Kulturkreises, z.B. des Kulturkreises des Westens eher die Variante d) in Frage kommt. In concreto bedeutet dies, dass z.B. die in Deutschland seit vielen Jahren lebenden Europäer sich freiwillig an die deutsche Hauptkultur anpassen, ohne ihre kulturelle Identität zu verlieren, d.h. ohne sich zu assimilieren. Bei ihnen kann es dennoch zur partiellen Verschmelzung der deutschen mit der eigenen Kultur kommen.

Der Konfuzianische Kulturkreis existiert neben der deutschen Kultur ohne wesentliche gegenseitige Beeinflussung. Es wird konstatiert, das die in Deutschland lebenden Angehörigen dieses Kulturkreises sich durch Fleiß und Disziplin (Merkmale des Konfuzianischen Kulturkreises) auszeichnen und es vermeiden, besonders aufzufallen.

Es kann objektiv und sachlich auch im Sinne der demokritischen Widerspiegelungstheorie hier die Ansicht vertreten werden, dass das Zusammentreffen des Islamischen Kulturkreises mit dem Kulturkreis des Westens auf deutschem Boden problematisch ist, weil eben die beiden Kulturkreise vorwiegen hinsichtlich des Menschen- und Gesellschaftsbildes nicht nur unterschiedlich, sondern darüber hinaus konträr sind. Hieraus ergeben sich fast unüberwindliche Probleme bei der Integration der Angehörigen des Islamischen Kulturkreises in die deutsche Gesellschaft. Teilweise sind die Rückschläge so gravierend, dass sogar türkische Intellektuelle in Deutschland von einer „Deutschfeindlichkeit" vieler Türken insbesondere der dritten Generation sprechen. Es ist unbestritten, dass die Integrationsunwilligkeit muslimischer Menschen in die Deutsche Gesellschaft besonders groß ist.

Wir stellen ferner fest, dass Muslime als einzige Bevölkerungsgruppe ihre ethno-religiöse Identität durch bestimmte äußere Merkmale prononciert, fast provokant unterstreichen, was oft zu einer Selbstisolierung führt. In diesem Falle gilt die Hauptauffassung a).

Literatur:
-A. Mintzel, Multikulturelle Gesellschaften in Europa und Nordamerika, Passau 1997.
-W. Kumlicka, Multikultur und Demokratie, Über Minderheiten in Staaten und Nationen, Hamburg 1999.
-I. Leicht, Multikulturalismus auf dem Prüfstand, Berlin 2000.
-B. Tibi, Europa ohne Identität ? Die Krise der multikulturellen Gesellschaft, München 1998.
-B. Parekh, The Future of Multi-Ethnic Britain, London, 2000

15. Populismus nach der Politologie (Politische Wissenschaft) und der Soziologie

Der Populismus stellt eine negative Politik dar, die im starken Bestreben, die Zustimmung des Volkes zu erlangen, ihm nach dem Munde redet. Zugleich wird an die Emotionen und Instinkte appelliert. Es werden einfache Lösungen für komplexe und komplizierte Probleme verbal propagiert, ohne konkret zu werden. Zum Populismus gehört auch die Taktik, vor den Wahlen viele Versprechen zu machen, obwohl im Voraus klar ist, dass sie niemals realisiert werden können. Man verspricht also ganz locker das Blaue vom Himmel.

Es gibt prinzipiell zwei unterschiedliche Erscheinungsformen des Populismus:

a) Rechtspopulismus: Im Mittelpunkt stehen Ängste der Menschen z.B. vor angenommener Überfremdung durch die Flüchtlinge, Kriminalität der Flüchtlinge, der Zorn der Bürger für zu hohe Steuern, teilweise die Arroganz der Macht der Politiker, Herzlosigkeit der Behörden gegenüber den Bürgern etc.
Der Rechtspopulismus breitet sich gegenwärtig in vielen europäischen Ländern wie eine Seuche aus. So sind Rechtspopulisten bereits an der Macht, wie z.B. in Polen, in Ungarn und in gewisser Hinsicht auch in dem Vereinigten Königreich. Nolens volens bereitet er den Boden für gefährliche Entwicklungen vor. Daher gilt hier der Satz "Wehret den Anfängen".

b) Linkspopulismus, er ist sehr verbreitet in Lateinamerika und seltsamerweise auch in Griechenland (Tsipras): Kampf gegen die Korruption, Erhöhung der Sozialleistungen für die ärmeren Bevölkerungsschichten ohne die dafür notwendige ökonomische Grundlage zu haben und Kampf gegen den Liberalismus in der Wirtschaft.

Der Populismus ist auch als eine Methode zu verstehen, die Volksmassen zu mobilisieren in erster Linie durch die Verwendung bestimmter Signalbegriffe wie z.B. „einfache Leute“ (Trump) gegen den „bürokratischen Apparat“, „verständliche“ Sprache, „die da oben“, “das Volk und das System”, “Gefährdung der Identität des Volkes“, “Überfremdung“, „das Boot ist voll“, „Einwanderung in soziale Systeme“ (AfD) etc.

Literatur:

-Bohlen D./ F. Grotz (Hrsg.) Kleines Lexikon der Politik, 2015.
-R. Melzer, B. Küpper, Wut, Verachtung, Abwertung : Rechtspopulismus in Deutschland, 2015.
-Müller J-W., Was ist Populismus? Ein Essay, 2016.
-Priester K., Populismus : Historische und aktuelle Erscheinungsformen, 2007.
-Priester K. , Rechter und linker Populismus : Annäherung an ein Chamäleon, 2012.
-Stegemann B., Das Gespenst des Populismus: Ein Essay zur politischen Dramaturgie, 2017

16. Bürger, Nation - Staat, Volkssouveränität-Staatssouveränität, Ukraine, Russland

1. Nach der Staatstheorie stützt sich die Staatssouveränität auf die Volkssouveränität. Nach der Völkerrechtstheorie basiert die Staatssouveränität auf dem Selbstbestimmungsrecht der Nation. Nach der Staatsphilosophie besteht zwischen dem Staat und seinen Bürgern ein dialektisches Wechselverhältnis. Die Überbewertung des Staates führt hingegen zu einem Etatismus.

2. Im 19. Jh. kämpften die Balkanvölker in Ausübung ihres Selbstbestimmungsrechts für die Befreiung von der mehr als vierhundertjährigen Osmanen Herrschaft. Dieser Kampf war die condito sine qua non (unabdingbare Voraussetzung) für die Gründung von Nationalstaaten, die jedoch von einer hypothetischen Homogenität der Bevölkerung ausgingen und daher ethnische Minderheiten nicht akzeptierten.

3. In der Ost-Ukraine geht es bekanntlich um ganz andere Probleme, zumal Russland sich direkt einmischt. Für die dort lebende Bevölkerung gilt nach wie vor die ukrainische und keinesfalls die russische Verfassung. Die Spannungen zwischen der zentralen spanischen Regierung und den katalanischen Separatisten haben gezeigt, wie kompliziert und gefährlich Separationsbestrebungen sind.

Literatur:
-I. Geiss, Nation und Nationalismen. Versuche über ein Weltproblem, 1962–2006, Bremen 2007.
-R.-U. Kunze, *Nation und Nationalismus*, Darmstadt 2005.

17. Ukraine, Sowjetische Atomwaffen

Wem gehörten die auf dem Territorium der Ukraine stationierten sowjetischen Atomwaffen nach dem Zerfall der ehemaligen Sowjetunion?

Es ist erforderlich, dieses wahrhaftig sehr komplizierte Problem auf der Grundlage des Völkerrechts zu beleuchten. Basis dafür ist die "Wiener Konvention über Staatennachfolge in Staatsvermögen, Staatsarchive und Staatsschulden" vom 8. April 1983 (Vienna Convention on Succession of States in Respect of State Property, Archives and Debts).

In dem Artikel 18 (Zerfall eines Staates) wird folgendes geregelt: 1. „Wenn sich ein Staat auflöst und zu bestehen aufhört und die Teile des Territorium des Vorgängerstaates zwei oder mehrere Nachfolgestaaten bilden und sofern nicht die betreffenden Nachfolgestaaten etwas anderes vereinbaren:

(a) soll unbewegliches Staatsvermögen des Vorgängerstaates auf den Nachfolgestaat übergehen, auf dessen Territorium es belegen ist." (b)... (c) „soll bewegliches Staatsvermögen des Vorgängerstaates , das mit der Aktivität des Vorgängerstaates in Bezug auf die Territorien verbunden ist, auf die sich die Staatennachfolge bezieht, auf den betreffenden Nachfolgestaat übergehen; (d) soll anderes bewegliches Staatsvermögen des Vorgängerstaates als im Unterabsatz (e) erwähnt in angemessenen Anteilen auf die Nahfolgestaaten übergehen".

Erläuterung: Die Sowjetunion ist als Staat, im völkerrechtlichen Sinne als Völkerrechtssubjet (Träger von Rechten und Pflichten) untergegangen, und es entstanden auf ihrem Territorium mehrere Nachfolgestaaten, die das auf ihrem Territorium liegende Vermögen der Sowjetunion übernommen haben. Russland betrachtet sich jedoch als Fortsetzung (Kontinuitätstheorie) der Sowjetunion.

Schlussfolgerung: Die Ukraine hat als Nachfolgestaat die auf ihrem Staatsterritorium stationierten Atomraketen (die drittgrößten Weltbestände) übernommen und wenn sie gewollt hätte, wären sie dort geblieben.

Im Dezember 1994 folgte das Budapester Memorandum, das die Verpflichtung der USA, Russlands und Großbritanniens, gegenüber der Ukraine , Kasachstan und Weißrussland enthält, ihre Souveränität und ihre Grenzen zu respektieren und dafür sollten diese Staaten auf die auf ihrem Territorium stationierten Atomwaffen verzichten. Obwohl dies nicht nötig war, da es sich um geltendes Völkerrecht handelt, ist auf das in der UNO-Charta (Artikel 2, Ziffer 4) verankerte Prinzip des Verbots der Gewaltandrohung und Gewaltanwendung verwiesen worden. Besonders interessant dürfte Artikel 4 des Memorandums sein, der die Verpflichtung der Unterzeichnerstaaten enthält, im Falle der Bedrohung der Ukraine mit Atomwaffen sofort den UNO-Sicherheitsrat einzuschalten.

18. Asowsches Meer, Krim, Streit zwischen Russland und der Ukraine

Eine Einschätzung aus Sicht des Völkerrechts und speziell des Internationalen Seerechts

1. Fall: Das Asowsche Meer (A.M.) vor der Annexion der Krim durch Russland

a) Gemäß der Seerechtskonvention der UNO von 1982 gehörte das Asowsche Meer (folgend: A.M.) zum Binnengewässer (inneres Gewässer) und damit zum Staatsterritorium der Sowjetunion.

b) Aber nach der Unabhängigkeit der Ukraine 1991 ist das A.M. zum „gemeinsamen Binnengewässer" von zwei souveränen Küstenstaaten und zwar Russlands und der Ukraine erklärt worden. Hierüber ist 2003 ein bilateraler völkerrechtlicher Vertrag abgeschlossen worden. Für ihn gilt die Wiener Vertragsrechtskonvention von 1969. Da es sich um zwei Völkerrechtssubjekte handelt, können die Bestimmungen der Seerechtskonvention über die Friedliche Durchfahrt (Art. 17-20) angewandt werden, wobei sich die friedliche Durchfahrt auf zivile sowie auf Kriegsschiffe (keine Erlaubnis, aber Voranmeldung) bezieht.

c) Beide Staaten haben es leider unterlassen, den vorgesehenen Abgrenzungsvertrag auszuarbeiten. Da die Ukraine durch längere Küste besitzt und infolgedessen nicht unbedingt das Prinzip der seevölkerrechtlich üblichen Mittellinie angewandt worden wäre, hätte sie auf alle Fälle den größeren Teil des A.M. beanspruchen dürfen.

2. Fall: Das A.M. nach der Annexion

a) As völkerrechtlicher Sicht erfolgte 2014 eine Annexion, weil dem „Referendum" eine Gewaltanwendung seitens Russlands vorausgegangen war und außerdem die Anwendung des Völkerrechtsprinzips des Selbstbestimmungsrechts der Nationen und der Völker keine Sezession (Lostrennung) beinhaltet (siehe auch den Fall Kataloniens) .Auf der Krim ging es weder um eine Nation , noch um ein Volk, sondern im Rahmen des ukrainischen Staates um eine ethnische Minderheit.

b) Der allgemeine Rechtssatz ex injuria non jus oritur (aus dem Unrecht erwächst kein Recht) bedeutet im Falle der Krim, dass sie nicht zum Staatsterritorium Russlands gehören darf und infolgedessen völkerrechtlich immer noch ukrainisches Gebiet ist.

c) Russland handelt jedoch nach der „normativen Kraft des Faktischen „ und schafft systematisch fait accompli (vollendete Tatsachen). Der erste Schritt war die Annexion der Krim, der zweite der völkerrechtswidrige Bau der Kertsch -Brücke und der dritte besteht in der Umwandlung des A.M. zum Binnengewässer Russlands. Es ist damit zu rechnen, dass Russland weiter gehen und das Territorialgewässer sowie den Festlandsockel und die ausschließliche ökonomische Zone der Krim erklären wird. Es fehlt noch die Annexion der beiden „Volksrepubliken" Donezk und Lugansk. Danach ist die „Republik" Transnistrien in der Moldauischen Republik an der Reihe.

d) Unabhängig von der "Rechtsauffassung" Russlands ist es nach dem Internationalen Seerecht nicht üblich, ohne besonderen Grund (z.B. Reaktion auf Gewaltanwendung) militärische Gewalt anzuwenden.

Somit hat Russland mehrere rote Linien überschritten und das Völkerrecht mehrfach verletzt.

19. Die völkerrechtswidrigen Praktiken Russlands gegenüber der Ukraine, Fall der Pässe

Das Verhalten Russlands (Ausstellung von Pässen an die Ostukrainer) ist eine völkerrechtswidrige Provokation, die man früher als casus belli bezeichnete. Die Verleihung der russischen Staatsbürgerschaft und unter günstigen Bedingungen Heim ins Reich a la Russe, soll den Weg zur Annexion der Ost-Ukraine mit der vorwiegend russisch sprechenden Bevölkerung vorbereiten.

Jeder Staat besteht aus drei Elementen: Regierung, Bevölkerung, Territorium. Alle drei müssen vorliegen, damit ein Staat in den internationalen Beziehungen existieren kann.

Aus der Beziehung zwischen dem Staat und der Bevölkerung ergibt sich die Personalhoheit, auf die sich die Staatsbürgerschaft als Rechtsverhältnis zwischen ihnen stützt. Aus der Staatsbürgerschaft leiten sich Rechte und Pflichten für beide Seiten ab: Der Bürger hat vor allem die Treuepflicht gegenüber dem Staat, und der Staat hat insbesondere die Schutzpflicht gegenüber seinen Staatsbürgern. Jedoch durch das Verhalten Russlands wird das Rechtsverhältnis zwischen dem ukrainischen Staat und seinen in der Ost-Ukraine lebenden Staatsbürgern erheblich gestört.

Aus dem Territorium leiten sich die Gebietshoheit und aus ihr die Rechtshoheit ab. Allerdings durch die völkerrechtswidrige indirekte militärische Einmischung Russlands in der Ostukraine wird der ukrainische Staat daran gehindert, seine Gebiets- und Rechtshoheit in diesen Teil des Staatsgebietes durchzusetzen.

Zusammenfassung: Russland verletzt die Gebiets- sowie die Personalhoheit der Ukraine in den Ostgebieten, gefährdet erheblich die Existenz des ukrainischen Staates und verstößt schwerwiegend gegen das Völkerrecht.

20. Russische Staatsbürgerschaft an ukrainische Staatsbürger

Es geht zugleich um ein methodisches Problem. Cicero zu einer Aussage:

a) Quis (Wer?): Putin, der als Nationalist zumindest die teilweise Wiederherstellung des Imperium Sovieticum mit allen Mitteln anstrebt.

b) Quid (Was ?): Verleihung der russischen Staatsbürgerschaft an Bürgern des souveränen Staates Ukraine.

c) Quomodo (Wie ?): Höchstoffiziell und undiplomatisch.

d) Ubi (Wann ?): Zur falschen Zeit, denn es ist ein neuer Präsident in der Ukraine gewählt worden. Er hätte noch damit warten müssen.

e) Cur (Warum ?): Gezielte Störung des Stabilisierungsprozesses in der Ukraine. In der Perspektive Annexion der Ost-Ukraine auf der Grundlage des „Selbstbestimmungsrechts" der russisch sprechenden Bevölkerung.

21. Ukraine, Problemlösung: Autonomie oder Föderation?

Im Mittelpunkt sollte eigentlich die tatsächlich vorhandene ukrainische Staatsfrage stehen, deren Bewältigung ein großes Maß an Realitätssinn seitens der Ukraine voraussetzt.

Hierbei handelt es um das punctum quaestionis (Kern der Frage) des gegenwärtigen ukrainischen Problems. Aus verschiedenen wohlbekannten Gründen wie z.B. unterschiedliche Konfessionen und Sprachen, allgemein kulturellen Traditionen zwischen der West- und der Ost-Ukraine, aber auch aus praktischen Gründen, hat sich die Form des gegenwärtigen ukrainischen Einheitsstaates als misslungen erwiesen, was in erster Linie die ukrainischen Ultranationalisten offensichtlich nicht begreifen können.

Es gibt zumindest theoretisch zwei Lösungsmöglichkeiten, wobei beide eine Veränderung der Verfassung voraussetzen:

a) Minimallösung

Anerkennung der russisch sprechenden Bevölkerung als ethnische Minderheit und Gewährung die nach Völkerrecht üblichen Rechte, vor allem eine weitergehenden Autonomie. In den Autonomiegebieten Donezk und Lugansk sollten gleichberechtigt die Sprachen Ukrainisch und Russisch sein oder eine sprachliche Hierarchie vornehmen. Das hieße Ukrainisch als die erste und Russisch als die zweite Sprache. Der Autonomiestatus sollte nach Möglichkeit auch die Schulbildung sowie die Wirtschaft erfassen, ohne sie natürlich aus der ukrainischen Gesamtwirtschaft herauszulösen.

b) Maximallösung

Verwandlung der Ukraine in eine Föderation (Bundesstaat) bestehend aus gleichberechtigten Bundesgebieten eventuell nach dem erfolgreichen Vorbild der Bundesrepublik Deutschland. Bekanntlich sind international auch andere erfolgreiche Beispiele bundesstaatlichen Charakters zu verzeichnen. Danach würde die Zentralregierung hauptsächlich für die Außenpolitik und die Landesverteidigung zuständig sein, während den Bundesländern in erster Linie die Zuständigkeit über die Wirtschaft, die Volksbildung und über die Hochschulen übertragen wird.

Zuerst müssen jedoch der verhängnisvolle Einfluss der ultranationalistischen Kräfte aus der West-Ukraine zurück gedrängt werden sowie die Einmischung Russlands in die inneren Angelegenheiten des souveränen Staates Ukraine beendet werden. Hierbei handelt es sich um die conditio sine qua non (unabdingbare Voraussetzung) für diese dem Wesen nach endgültige Lösung des ukrainischen Staatsproblems. Parallel dazu sollte eine Mitgliedschaft der Ukraine in die NATO tunlichst vermieden werden. Dies wäre einen gezielte Provokation gegen Russland.

Ohne eine realistische Sicht der Situation durch die ukrainische Regierung besteht die Gefahr der weiteren Infiltration der Landes durch Russland und der Inszenierung eines entgegen gesetzten Maidans mit dem Ziel, die Regierung durch eine prorussische zu ersetzen. Russland wartet auf die passende Gelegenheit, um in diese Richtung aktiv zu werden. Der ukrainische Präsident macht leider einen taktischen Fehler nach dem anderen, weil er der Illusion erlegen ist, dass die NATO sich im Falle eines russisch-ukrainischen Konfliktes militärisch für die Ukraine engagieren würde.

22. Deutsche Interessendurchsetzung und Sanktionen gegen Russland

Allgemeine Grundlage der Haltung der souveränen Staaten zu Problemen der internationalen Beziehungen sind ihre legitimen Interessen in ihrer Komplexität. Aus der Gebiets- sowie aus der Personalhoheit des Staates ergibt sich seine Pflicht, sich um das Allgemeinwohl (το κοινόν καλόν Aristoteles, commune bonum Thomas von Aquin) zunächst der eigenen Staatsangehörigen zu kümmern.

Eine der wichtigsten Grundlage hierfür ist die gesunde Wirtschaft, die sich insbesondere in der Epoche der Globalisierung auf die friedlichen Handelsbeziehungen als Ausdruck des Völkerrechtsprinzips der friedlichen internationalen Zusammenarbeit stützt. Damit all dies reibungslos funktioniert, sollten politische Zweckmäßigkeitserwägungen nach Möglichkeit beiseitegeschoben werden.

Die gegen Russland, welches gegenüber dem Westen und speziell gegenüber Deutschland das Völkerrecht nicht verletzt hat, verhängten Sanktionen bringen in erster Linie geostrategische Interessen der USA zum Ausdruck. Wenn schon der US-Präsident immer wieder seinen egoistischen Slogan „America first“ hinausposaunt, warum sollte die Bundesregierung die existenziellen und legitimen Interessen der hauptsächlich östlichen Bundesländer, insbesondere der mittelständischen Unternehmen, vernachlässigen?

Schlussfolgerung: Es ist an der Zeit, dass das souveräne Deutschland sich an den Sanktionen gegen Russland im wohlverstandenen Interesse der eigenen Bevölkerung nicht mehr beteiligt. Dies verlangt auch der gesunde Menschenverstand (common sense).

23. Russisch-Ukrainischer Kirchenstreit

1. Russland und die Ukraine gehören zu den europäischen Staaten sui generis, weil sie genauso wie andere Staaten Osteuropas und des gesamten Balkan mit orthodoxer Tradition weder die Renaissance, noch die Aufklärung, noch die bürgerliche Revolution, noch den bürgerlichen Staat, noch eine funktionierende Demokratie hatten. So betrachtet, sind sie in erster Linie in geographischer Hinsicht Teil Europas. Kurzum, sie sind in politischer Hinsicht zurückgebliebene Staaten, deren Zukunft sehr ungewiss ist.

2. Für diesen Zustand gibt es mehrere Gründe, aber der wichtigste ist in der extrem negativen Haltung der orthodoxen Kirche zu der welthistorischen Europäischen Aufklärung zu suchen. Das Welt-, Gesellschafts- und Menschenbild der Orthodoxie ist theozentristisch und nicht anthropozentristisch orientiert, wodurch die Herausbildung des selbstbewussten Individuums und des staatstragenden Bürgers massiv verhindert worden ist.

3. Dennoch ist die identitätsstiftende und identitätssichernde Rolle der Orthodoxie bei der Ethnogenese in Ost- und in Südosteuropa nicht zu unterschätzen. Sowohl allgemein, als auch konkret vermittels der Autokephalie der jeweiligen Nationalkirche konnte eine eigene nationale Identität geschaffen werden. Genau so war es bei den Balkan-Völkern im 19. und im 20 Jh. So ist es normal, dass die ukrainische Kirche sich von der russischen Kirche trennt und mit Hilfe des Ökumenischen Patriarchats der Orthodoxie eine Autokephalie im Sinne einer Nationalkirche erlangt. Hierdurch wird die eigene nationale Identität wesentlich gestärkt. Es sei en passant (nebenbei) darauf verwiesen, dass die Russische Kirche bereits im 16. Jh. mit Zustimmung des Ökumenischen Patriarchats von Konstantinopel die Autokephalie erlangt hat.

4. Aber dadurch werden vitale Wirtschaftsinteressen der russischen orthodoxen Kirche als auch allgemein des Imperium Russicum direkt berührt. Beide Kirchen befinden sich nunmehr in einem unchristlichen feindlichen Zustand genauso wie im allgemeinen Russland und die Ukraine.

5. Zugleich kann die russische Kirche ihre jahrhunderte alten Träume über die Erlangung der Führung der gesamten Orthodoxie und die Verwandlung Moskaus zu ihrem Zentrum endgültig begraben. Wer sich mit dem Ökumenischen Patriarchat streitet, zieht letzten Endes den Kürzeren.

24. USA- Außenpolitik, kurze Charakterisierung

Aus der bisherigen US – Außenpolitik unter Trump (Sanktionen, Erpressungen, Drohungen etc.) lässt sich die folgende Schlussfolgerung ableiten, auch wenn sie etwas übertrieben klingen mag:

Aus Sicht der Diplomatie, der Theorie der internationalen Beziehungen und des Völkerrechts ist sie oberflächlich, plump, aggressiv, extrem egoistisch, anmaßend, völkerrechtswidrig, verantwortungslos und brandgefährlich.

Kurzum: Die USA sind ein Imperium Supremum Americanum monstruosum, arrogant etadversarium juris inter gentes (Amerikanische Supermacht, monströse, arrogante und völkerrechtsfeindliche). Die bekannte USA-Methode wiederholt sich: Erst einen Staat und seine Führung dämonisieren. Ihm wird vorgeworfen, A-Waffen zu bauen bzw. zu modernisieren, um die Sicherheit der USA zu gefährden. Des Weiteren wird dem anderen Staat vorgeworfen, die Menschenrechte eklatant zu verletzen.

Danach beginnt die Einmischung in die inneren Angelegenheiten des avisierten Opfers. Es werden irgendwelche Sanktionen (Strafmaßnahmen) eingeleitet. Vor der militärischen Intervention versuchen die USA „willige" Staaten, eine Art Hammelherde zu finden, um gemeinsam die „Werte des Westens" zu verteidigen. Seit einigen Jahren wird Russland dämonisiert, und gegenwärtig ist China an der Reihe.

Die USA unterschätzen die Gedächtniskraft der normal denkenden Menschen. Wie war es doch im Falle des Irak? Angeblich hätte der Irak biologische oder sogar Atomwaffen (die amerikanischen Geheimdienste haben gelogen, und zugleich ist ihre Unfähigkeit evident geworden). Angeblich hätte Saddam Hussein die Taliban und die Al Kaida unterstützt. Auch in diesem Falle hat die USA-Regierung gewaltig gelogen. Angeblich wollten die USA den Irakern die Demokratie beibringe etc. In Wahrheit ging es einzig und allein um die Herrschaft über das irakische Erdöl. Bush jr. und sein Vize Cheney hatten bekanntlich Verträge über den Ankauf von Rechten an diesem Erdöl geschlossen.

Letzten Endes haben die USA verantwortungslos durch den Sturz des irakischen Diktators das militärische Gleichgewicht in dieser empfindlichen Region zerstört und außerdem objektiv zur Stärkung der antiwestlichen Kräfte, insbesondere zur Gründung des „Islamischen Staates" beigetragen. En passant ist es zu gewaltigen Flüchtlingsströmen im Orient mit verheerenden Folgen für die europäischen Staaten gekommen.

Wenn die heuchlerische Regierung der USA sich angeblich für die Menschenrechte und Freiheiten der Menschen in diktatorischen Regimes interessiert, dann hätte sie dafür zuerst in Saudi-Arabien was unternehmen können. Und im Übrigen, wer gibt Mister M. Pence das Recht, den Europäern vorzuschreiben, welche internationale Politik zu betreiben ist ? So was Ungehobeltes und Plumpes hat man in den internationalen Beziehungen selten erlebt. Der US-Vizepräsident hat weder von der Diplomatie, noch vom Völkerrecht Ahnung. Gerade das macht ihn gefährlich.

25. Das völkerrechtswidrige und skrupellose Verhalten der USA (Sanktionen wegen Nordstream)

Aus der UNO-Prinzipien-Deklaration von 1970.

Sie gilt als authentische Interpretation der UNO-Charta und ist damit rechtsverbindlich. Die internationalen Beziehungen sind keine Prärie, auf der sich die USA extrem egoistisch, aggressiv und ohne irgendwelche Skrupel austoben dürfen. Die in der UNO-Charta verankerten Grundsätze stellen zugleich die grundlegenden Völkerrechtsprinzipien dar, die im Allgemeinen auch als Ausdruck höherer Zivilisationsstufe betrachtet werden können. Die USA verhalten sich also nicht nur völkerrechtswidrig, sondern auch unzivilisiert.

Aus diesem gewichtigen Dokument: „Die Pflicht der Staaten, im Einklang mit der Charta miteinander zusammenzuarbeiten. Die Staaten haben die Pflicht, ungeachtet der Unterschiede ihrer politischen, wirtschaftlichen und sozialen Systeme in den verschiedenen Bereichen der internationalen Beziehungen miteinander zusammenzuarbeiten, um den Weltfrieden und die internationale Sicherheit zu wahren und internationale wirtschaftliche Stabilität und Fortschritt, das allgemeine Wohl der Nationen und eine internationale Zusammenarbeit zu fördern, die von jeder Diskriminierung auf Grund dieser Unterschiede frei ist.

Zu diesem Zweck

a) arbeiten die Staaten mit den anderen Staaten bei der Wahrung des Weltfriedens und der internationalen Sicherheit zusammen;

b) arbeiten die Staaten bei der Förderung der allgemeinen Achtung und Einhaltung der Menschenrechte und Grundfreiheiten für alle sowie bei der Beseitigung aller Formen der Rassendiskriminierung und aller Formen der religiösen Intoleranz zusammen;

c) gestalten die Staaten ihre internationalen Beziehungen auf wirtschaftlichem, sozialem, kulturellem und technischem Gebiet und auf dem Gebiet des Handels im Einklang mit den Grundsätzen der souveränen Gleichheit und der Nichtintervention;

d) haben die Mitgliedstaaten der Vereinten Nationen die Pflicht, im Einklang mit den einschlägigen Bestimmungen der Charta, gemeinsam und jeder für sich mit den Vereinten Nationen zusammenzuarbeiten. Die Staaten sollen auf wirtschaftlichem, sozialem und kulturellem Gebiet sowie auf dem Gebiet der Wissenschaft und Technologie und zur Förderung des weltweiten Fortschritts auf dem Gebiet der Kultur und der Bildung zusammenarbeiten. Die Staaten sollen zur Förderung des wirtschaftlichen Wachstums in der ganzen Welt, insbesondere in den Entwicklungsländern, zusammenarbeiten".

Insgesamt verletzen die USA folgende grundlegende Völkerrechtsprinzipien: die friedliche internationale Zusammenarbeit, die souveräne Gleichheit der Staaten und das Verbot der Einmischung in die inneren Angelegenheiten anderer Staaten. Ich glaube, es ist an der Zeit, dass ein überzeugendes Gegengewicht gegenüber der verantwortungslosen, unwürdigen und skrupellosen Supermacht USA, die die internationale Rechtsordnung (Völkerrecht, Internationales Wirtschaftsrecht, Internationales Finanzrecht) systematisch zerstören, geschaffen wird, bevor es zu spät ist. Eins steht fest: Europa kann sich auf die USA nicht mehr verlassen. Es ist daher zutiefst beschämend, dass Deutschland sich von den USA erniedrigen lässt und sich wie ein Vasall verhält.

In den USA wurden schon früher an den meisten Rechtsfakultäten die Völkerrechtslehrstühle ausgelagert und sind an den Fakultäten für political sciences (Politologie) angesiedelt. Des Weiteren benutzen die US-Politiker seit Jahrzehnten den Begriff Völkerrecht nicht. Nur Obama hat ihn zwei verwendet. Es ist kein Zufall, dass die Hauptberater der Präsidenten in Fragen der Außenpolitik seit Jahrzehnten keine Völkerrechtler, sondern Politologen sind. Ferner treten die USA universellen Konventionen in der Regel nicht bei z.B. UNO-Seerechtskonvention von 1982). Kurz gesagt, die USA ignorieren demonstrativ das Völkerrecht. Irgendwann könnte die „Pax Americana" durch die „Pax Sinica" ersetzt werden.

26. Waschingtoner Vertrag über nukleare Mittelstreckensysteme zwischen den USA und der Sowjetunion von 1987

Einige Bemerkungen aus Sicht des Internationalen Vertragsrechts (Völkervertragsrecht, Zweig des Völkerrechts)

Im Allgemeinen sind Verträge erforderlich, um bestimmte essentielle Materien in den zwischenstaatlichen Beziehungen rechtlich zu regeln. Es erfolgen Kontakte, Vorverhandlungen, Verhandlungen und schließlich vollzieht sich auf der Basis von Kompromissen, der Interessenkoordinierung und dem Wesen nach der Willensübereinstimmung der Vertragsabschluss.

In diesem konkreten Fall diente der Vertrag auch als vertrauensbildende Maßnahme der Friedenssicherung. Strategisch ist der Vertrag im Rahmen des geltenden militärisch-strategischen Gleichgewichts zwischen den beiden Supermächten, den USA und der damaligen UdSSR abgeschlossen worden. Das neue Russland übernahm als Rechtsnachfolger der UdSSR auch diesen Vertrag. Während aber der eine Vertragspartner keinerlei Veränderungen unterworfen war, brach das gewaltige Imperium Sovieticum zusammen und blieb nur Russland üblich, das insgesamt zwar nur eine Großmacht ist, jedoch militärstrategisch immer noch als Supermacht eingeschätzt werden kann.

Fast alle Verträge, internationale oder bilaterale zur Abrüstung enthalten Schlussbestimmungen über den Austritt bzw. über die Kündigung aus Gründen der Gefährdung der „höchsten Interessen" (Standardformulierung) der Vertragspartner. So heißt es im Artikel 16 des INF-Vertrages von 1987: „Jede Vertragspartei ist in Ausübung ihrer Souveränität berechtigt, von diesem Vertrag zurückzutreten, wenn sie entscheidet, dass durch außergewöhnliche mit dem Inhalt des Vertrages zusammenhängende Ereignisse eine Gefährdung ihrer höchsten Interessen eingetreten ist".

Nach allgemeiner Einschätzung gehören zu dieser Interessenkategorie die grundlegenden bzw. vitalen Interessen.

Es muss also eine Gefährdung durch „außergewöhnliche Ereignisse" seit dem Abschluss des Vertrages eintreten. In der Realität ist etwas ganz anderes eingetreten und zwar der Zusammenbruch der ehemaligen Supermacht Sowjetunion, wodurch die USA gegenwärtig die einzige Supermacht der Welt sind. Allerdings zeichnen sich bereits deutlich die Konturen der künftigen zweiten Supermacht, des konfuzianisch-kommunistischen China ab.

Es gibt Grund zu der Annahme, dass der rasante Aufstieg Chinas auf allen Gebieten den USA nicht nur Kopfschmerzen bereitet, sondern darüber hinaus Furcht einjagt. Es wäre eigentlich verständlich, gemäß Artikel 16 den Vertrag zu ändern („Jede Partei kann Änderungen dieses Vertrages vorschlagen"). Des Weiteren wäre es durchaus möglich, den Vertrag gemäß der Wiener Vertragsrechtkonvention (Grundlage des Internationalen Vertragsrechts) von 1969 (Artikel 39 zu ändern: („Ein Vertrag kann durch Vereinbarung zwischen den Vertragspartnern geändert werden…"). Danach könnte ein ähnlicher Vertrag zwischen den USA, China und Russland geschlossen werden.

Die USA haben im Rahmen der Neupositionierung zu den internationalen Abkommen der vorangegangenen amerikanischen Regierungen Russland Vertragsbruch vorgeworfen , was ihnen in der Tat gemäß der Wiener Vertragsrechtskonvention (Artikel 60) berechtigen würde, den Vertrag zu beenden („Ein schwerwiegender Bruch eines bilateralen Vertrages durch einen der Vertragspartner berechtigt den anderen, den Bruch als Grund für die Beendigung des Vertrages…geltend zu machen").

Die USA behaupten derartiges, aber andere sehen es nicht so. Inzwischen ist es bei der gegenwärtigen US-Regierung Usus, mit allgemein gehaltenen Unterstellungen zu arbeiten, um sich von lästigen vertraglich übernommenen Verpflichtungen zu befreien. Der Aufkündigung des INF-Vertrages durch die USA folgte mit Verspätung gleiches durch Russland natürlich verbunden ebenso mit Behauptungen über Vertragsverletzungen seitens der USA.

Nunmehr ist durch das Öffnen der Büchse der Pandora eine gefährliche Situation entstanden, die unter Umständen zu einem neuen Wettrüsten zwischen dem kapitalistischen USA und dem ebenso kapitalistischen Russland führen könnte. Jedoch grenzt die neuentstandene Situation an Wahnsinn, denn der ideologisch-politische Gegensatz zwischen ihnen ist ja verschwunden. Infolgedessen gibt es keinen Grund mehr, in die Zeit des „Kalten Krieges" mit der Hochrüstung zurück zu fallen", als gäbe es nichts Besseres zu tun.

Einer der Gründe für den Zusammenbruch der ehemaligen Sowjetunion war der kostspielige Rüstungswettlauf mit den USA. Gleiches könnte auch dem kleineren und schwächeren Russland passieren, das bei der Hochrüstung nicht mithalten kann. Nun das psychologische Problem für Putin besteht darin, dass er sich mit dem Verlust des Supermacht-Status nicht abfinden kann und hierdurch seine Wunschvorstellungen mit der Realität verwechselt.

Wie dem auch sei, der Abschluss ähnlicher Verträge sollte wegen der tripolaren Welt unbedingt unter Einbeziehung der sukzessiv aufsteigenden zweiten Supermacht China erfolgen.

27. Der Vertrag zwischen den USA und der UdSSR /Russland aus Sicht der Theorie der internationalen Beziehungen (spezielle der Gleichgewichtstheorie und der Interessentheorie)

Die Theorie der internationalen Beziehungen hat in erster Linie die folgenden Kategorien aufzuweisen: Interessen, Macht, Einfluss, Gleichgewicht, Stabilität, Veränderung, Vertrauen.

1.Bis zum Zusammenbruch der Supermacht UdSSR herrschte zwischen diesem Staat und den USA ein Gleichgewicht (der militärstrategischen Kräfte), das auch als „Gleichgewicht des Schreckens"(„Wer zuerst schießt, stirbt als zweiter") bezeichnet wurde. Gerade dieses Gleichgewicht trug zur Erhaltung der internationalen Sicherheit und des Weltfriedens bei.

2. Seit dem Ende des Imperium Sovieticum ist nunmehr das Gleichgewicht zerstört, und das Imperium Americanum kann als die einzige Supermacht seine Pax Americana mühelos und ungestört durchsetzen.

Das heutige Russland hingegen kann insgesamt unter Berücksichtigung aller Kriterien nur als eine Großmacht eingeschätzt werden, jedoch nur auf militärstrategischem Gebiet stellt ohne Zweifel eine Supermacht dar und versucht mit allen Mitteln , seine Gleichwertigkeit mit den USA zu demonstrieren. Sollte es erneut zu einem Wettrüsten auf der Basis der militärstrategisch genutzten Hochtechnologien kommen, so wird das wirtschaftlich schwache Russland nicht lange mithalten können.

3. Inzwischen entwickelt sich China zu einem dritten entscheidenden Player der internationalen Beziehungen und hinsichtlich der Wirtschaftskapazität und der Hochtechnologien zur zweiten Supermacht der Welt, was eigentlich zum einen eine Deklassierung Russlands und zum anderen eine gefährliche Konkurrenz für die USA bedeutet. Im Endeffekt ist hierdurch bereits jetzt eine Tripolare Welt entstanden, deren Mitglieder von recht unterschiedlicher Potenz sind.

4. Im Rahmen der Tripolarität entsteht sukzessive ein annäherndes Gleichgewicht (balance of power, balance du pouvoir), dass durchaus als Basis der neuen internationalen Ordnung zur Gewährleistung des Weltfriedens betrachtet werden kann. Hieraus ergibt sich die Schlussfolgerung, dass alle drei Player sich an notwendigen Abrüstungsverhandlungen gleichberechtigt beteiligen müssten.

5. Natürlich lässt sich jeder Staat von seinen eigenen Interessen leiten, jedoch ihre Durchsetzung kann nicht im Sinne des nationalen Egoismus, auf Kosten anderer Staaten und unter Verletzung der geltenden Normen des Völkerrechts, des Internationalen Wirtschaftsrechts und des Internationalen Finanzrechts erfolgen. Speziell in der Epoche der Globalisierung und der Zunahme gegenseitiger Abhängigkeiten zwischen allen Staaten, kommt nur ein Interessenausgleich in Frage, was beim Abschluss von notwendigen Abkommen vorwiegend durch Interessenkoordinierung erzielt werden kann.

6. International dominieren geostrategische Interessen, die das Grundverhaltensmuster der jeweiligen Player mit unterschiedlicher Gewichtung entscheidend bestimmen. Dies gilt in erster Linie im Verhältnis der USA gegenüber der sich herausbildenden Supermacht China, das expressis verbis offiziell die Absicht verkündet hat, in den nächsten Jahren die USA zu überholen. Es ist durchaus verständlich, dass die neuentstandene Situation bei den amerikanischen Politikern Alpträume verursacht.

6. Es kann konstatiert werden, dass die EU als ökonomischer Riese und politisch- diplomatischer Zwerg gar keine Rolle zu spielen vermag. Nur eine Neuorientierung der EU könnte andere Perspektiven schaffen: a) Militärische Aufrüstung, was kostspielig wäre. Es entsteht auch die berechtigte Frage cui bono? b) Nach Neudefinierung der Haltung gegenüber Russland Beziehungen auf der Basis gegenseitiger Interessen und des gegenseitigen Vorteils.

In diesem Falle sollten allerdings Voraussetzungen für parallele, gemeinsame und in der Perspektive für übereinstimmende Interessen geschaffen werden. Es ist übrigens nicht einzusehen, warum immer wieder in den Beziehungen zwischen der EU und Russland Spannungen im Sinne konträrer Interessen entstehen.

28. USA - Iran, Tötung eines iranischen Generals

Eine vernünftige Regierung bevorzugt in den internationalen Beziehungen das diplomatische Florett, aber die jetzige amerikanische Regierung mag besonders das Kriegsbeil. Dieses unkluge und ungerechtfertigte Vorgehen der USA wird die ohnehin brisante Lage im Orient weiter destabilisieren.

Sollte andererseits der Iran zu unbedachten kriegerischen Handlungen schreiten, wird er durch die geballte militärische Kraft der hochmodernen Armeen der USA, Israels und Saudi-Arabiens vollständig vernichtet. Hierdurch wird Saudi-Arabien zu der führenden Macht im Persischen Golf aufsteigen, was ohnehin das Ziel des Kronprinzen der Saudis ist. Vor dem Sturz Saddam Husseins durch die USA gab es in dieser Region drei rivalisierende Regional-Großmächte: Irak, Iran, Saudi-Arabien. Nach Saddam stieg der Iran zu der beherrschenden Regional-Großmacht auf. Eine Beseitigung des iranischen theokratischen Regimes wäre übrigens für Israel ein Geschenk Gottes, denn das wäre zugleich das Ende von Hisbollah und Hamas, die Israel vernichten wollen.

Seit etwa zwei Jahren wird eine Annährung von Israel und dem sunnitischen Saudi-Arabien angestrebt, davon ausgehend, dass beide Staaten einen gemeinsamen Feind haben und zwar den schiitischen Iran.

29. NATO-Bündnisfall im Falle eines Krieges zwischen den USA und dem Iran?

Notwendige Klarstellungen

Artikel 5 des NATO-Vertrages legt genau fest, wann der Casus foederis (Bündnisfall) eintritt. Man muss darauf hinweisen, dass die USA international schalten und walten, wie sie es ihnen beliebt und dabei keinen Wert auf die Meinung der anderen NATO-Partner legen. Diese werden vielmehr als Vasallen der Supermacht betrachtet und behandelt. So haben sie vor der Tötung des iranischen Generals keinesfalls ihre NATO-Partner konsultiert. Nach all den Erfahrung mit den zahlreichen Lügen der USA -Aministration vor der militärischen Aggression gegen den Irak und dem Sturz Saddam Husseins, wodurch das bekannte Chaos im Vorderen Orient entstanden ist, könnte man mit Recht annehmen, dass die USA einen Bündnisfall nach der gleichen Methode inszenieren könnten. So käme allerdings die Berufung auf den Artikel 5 nicht in Frage.

Es ist nunmehr an der Zeit, dass die friedliebenden Staaten unter den NATO-Mitgliedern von den friedensgefährdenden Abenteuern des unberechenbaren amerikanischen Präsidenten distanzieren. Es sei klargestellt: Deutschland hat mit den Machenschaften der USA nichts zu tun.

Nun zum Artikel 5 des NATO-Vertrages: „Die vertragschließenden Staaten sind darüber einig, dass ein bewaffneter Angriff gegen einen oder mehrere von ihnen in Europa oder Nordamerika als ein Angriff gegen sie alle betrachtet werden wird, und infolgedessen kommen sie überein, dass im Falle eines solchen bewaffneten Angriffs jeder von ihnen in Ausübung des in Artikel 51 der Charta der Vereinten Nationen anerkannten Rechts zur persönlichen oder gemeinsamen Selbstverteidigung den Vertragsstaat oder die Vertragsstaaten, die angegriffen werden, unterstützen wird, indem jeder von ihnen für sich und im Zusammenwirken mit den anderen Vertragsstaaten diejenigen Maßnahmen unter Einschluss der Verwendung bewaffneter Kräfte ergreift, die er für notwendig erachtet, um die Sicherheit des nordatlantischen Gebietes wiederherzustellen und aufrechtzuerhalten."

"Art. 51 Diese Charta beeinträchtigt im Falle eines bewaffneten Angriffs gegen ein Mitglied der Vereinten Nationen keineswegs das naturgegebene Recht zur individuellen oder kollektiven Selbstverteidigung, bis der Sicherheitsrat die zur Wahrung des Weltfriedens und der internationalen Sicherheit erforderlichen Maßnahmen getroffen hat. Maßnahmen, die ein Mitglied in Ausübung dieses Selbstverteidigungsrechts trifft, sind dem Sicherheitsrat sofort anzuzeigen; sie berühren in keiner Weise dessen auf dieser Charta beruhende Befugnis und Pflicht, jederzeit die Maßnahmen zu treffen, die er zur Wahrung oder Wiederherstellung des Weltfriedens und der internationalen Sicherheit für erforderlich hält.”

Richtige Interpretation: Der Angriff liegt vor a) bei einer kriegerischen Überschreitung der Grenzen oder beim Beschuss des Territoriums über die Grenzen hinweg. Im Falle des iranischen Generals erfolgte jedoch die Tötung auf irakischem Gebiet. Somit liegt kein Angriff im Sinne des Artikels 51 vor. Eine wesentliche Voraussetzung für die Ausübung des Rechts auf Selbstverteidigung ist die zeitlich unmittelbare militärische Reaktion auf einen Angriff. Auch das ist nicht passiert. Zu beachten ist ferner das Prinzip der Verhältnismäßigkeit.

30. Palästinenser, Historisch-Ethnologische Sicht

1.Ethnonym (Name der Nation), Toponym (Landesname)

Die Alten Philister waren im Orient bekannt als prst (Ägyptisch), palascht/pilischt (Assyrisch), peläschät, pelisim (Hebräisch), Philistinoi (Griechisch), Philisthiim, Philisthini, Palaestini (Latein).

Das Toponym Palaestina wurde in Verbindung mit Syria von den römischen Eroberern als Verwaltungsbezeichnung eines relativ großen Gebietes verwendet, zudem die heutigen Länder Syrien, Israel, West-Jordanien, Palästina und der Gaza-Streifen gehörten. Danach wurde das Toponym Palaestina nicht mehr verwendet. Statt dessen hieß nach der Eroberung durch die Türken 1517 das gesamte Gebiet „Emirat Syrien“.

Nach dem Ersten Weltkrieg, an dem die Araber als Verbündete England teilgenommen hatten, waren diese fest davon überzeugt, dass nach dem Zusammenbruch des Osmanischen Weltreiches mit Unterstützung der Engländer ein neuer Staat mit dem Namen Philastin (Palästina) entstehen würde. Jedoch bereits 1917 versprachen die Engländer in der Balfour-Deklaration den Juden (Jewish Agency) die Gründung eines eigenen Staates (wörtlich: „eine nationale Heimstätte für das jüdische Volk in Palästina“). Somit betrogen sie die „Verbündeten“ Araber.

Im Jahre 1920 begann die Einwanderung von Juden aus europäischen Ländern in Palästina, obwohl die Araber strikt dagegen waren und sich gegen das englische Mandats-Regime mehrfach erhoben. Dies veranlasste England, 1939 die eigenen Pläne zu revidieren und die Gründung eines unabhängigen arabo-hebräischen Staates vorzuschlagen. Letztendlich beschloss die UN-Generalversammlung 1947 in der „Teilungsresolution“ die Gründung von zwei Staaten in Palästina und zwar eines jüdischen und eines arabischen Staates. Einen Tag nach der Beendigung des britischen Mandats 1948 proklamierten die Juden den Staat Israel. Aber erst 1988 proklamierte die PLO, die Palästinensische Befreiungsbewegung, den Staat Palästina, der aus der Westbank und dem Gaza-Streifen besteht. Der neue Staat in statu nascendi (im Entstehungsprozess) ist von zahlreichen Staaten diplomatisch anerkannt worden und besitzt Beobachter-Status bei wichtigen internationalen Organisationen. Schlussfolgerung: Das Ethnonym Palästinenser und das Toponym Palästina haben sich international durchgesetzt.

2. Ethnogenese (Herkunft und Entstehung) der heutigen Palästinensischen Nation

Palästina war bereits im 7. Jt. v.C. besiedelt. Im 3. Jt. drangen semitische Nomaden und Halbnomaden unter dem Gesamt - Ethnonym Kanaaniter in die fruchtbare Küstenebene ein und gingen allmählich zum Ackerbau über. Sie gründeten u. a. die wohlbekannte Stadt Jericho, die später über eine hohe Kultur verfügte. Im 2. Jt. folgten die amoritischen, israelitischen und aramäischen Halbnomaden und Kleinviehzüchter, die von den bereits ansässigen Kanaanitern entwickelte Kultur übernahmen. Auch sie fingen an, Ackerbau zu betreiben.

Die historischen Philister gehörten zu den „Seevölkern"(Scherden, Schekelesch, Turscha, Danuna (Danaer ?), Akaiwaschat (Achäer?) , die 1200 v C. vom Balkan kommend, mehrere Königreiche zerstörten und schließlich vom Pharao Ramses III besiegt und im heutigen Gaza-Streifen angesiedelt wurden. Sie bemächtigten sich der kanaanitischen Städte Ekron, Asdod, Askalon, GAZA und Gath und machten daraus eine Pentapolis (Fünf-Städte-Bund). Sie unterwarfen sich ferner die israelitischen Stämme, bis sie unter David (1000 V, Chr.) ihre Unabhängigkeit erlangten (Legende von David und Goliath). Die Philister wurden von der kulturell überlegenen kanaanitischen Bevölkerung assimiliert, aber bildeten weiterhin eine herrschende Kriegerkaste. So verwundert es nicht, dass sie bis zur Römerzeit die treibende Kraft im Kampf gegen spätere Eroberer (Assyrer, Babylonier, Perser, Alexander und Diadochen) waren.

3. Sprache

Die historischen Philister hatten ihre eigene indoeuropäische Sprache, von der allerdings nur Einzelwörter übrig geblieben sind. Nachdem die gesamte Küste des östlichen Mittelmeeres von den Persern erobert wurde, übernahmen die Einwohner die Aramäische (altsyrische Sprache), die interessanterweise zu Sprache des persischen Weltreiches erhoben wurde. Nach der Eroberung des Gebietes durch die muslimischen Araber folgte eine schnelle Arabisierung und Islamisierung der Bevölkerung mit wenigen Ausnahmen (Juden, Aramäer etc.). Es ist darauf hinzuweisen, dass Aramäisch, Hebräisch und Arabisch zu der großen Familie der semitischen Sprachen gehören.

Schlussfolgerung

Die heutigen Palästinenser sind Nachkommen der Urbevölkerung, der Kanaaniter, der Philister und der Araber. Sie stellen also, wie die meisten Völker der Erde, eine Mischung von recht unterschiedlichen Stämmen und Völkern dar. Somit ist die ethnische Selbstbezeichnung Palästinenser durchaus legitim.

Literatur:

-H. Freydank et alt., Der Alte Orient in Stichworten, Leipzig 1978, S. 336, 391.
-J. Irmscher (Hrsg.), Lexikon der Antike, Leipzig 1987, S. 533.
-Große Enzyklopädie, Band 7, Köln 1990, S. 3756/57 , 3853.
-H. Haarmann, Lexikon der untergegangenen Völker, München 2012, S. 218.
-J. Guter, Das große Lexikon der Völker, Köln S. 302.
-H. Haarmann, Lexikon der untergegangenen Sprachen, München 2004, S. 44, 162.
-F. Bodmer, Die Sprachen der Welt, Köln1997, S. 162, 180, 227.

31. Israel-Palästinenser, Politisch-Kulturelles, Knappe allgemeinpolitische und ethnologische Bemerkungen

Die folgenden Bemerkungen könnten dazu beitragen, die gefährliche Situation im Nahen Osten besser einzuordnen:
1.Israel gehört zweifelsohne zu dem Kulturkreis des Westens, während die Palästinenser Bestandteil des Kulturkreises des Islam sind.
2. Die wichtigsten Merkmale unseres Kulturkreises sind die folgenden: Anthropozentrismus, Demokratie, Rechtsstaatlichkeit, bürgerliche Freiheiten und Menschenrechte, Gleichberechtigung der Geschlechter, Dialogbereitschaft in sozialen und politischen Fragen, Kreativität des freien Individuums, Staatsbewusstsein und Rechtsbewusstsein des Bürgers. All dies gilt auch für Israel mit Ausnahme der Orthodoxen Juden.
3. Die bestimmenden Merkmale des Kulturkreises des Islam sind der Theozentrismus, die Großfamilie, der Patriarchalismus, der Nepotismus, die Hierarchien, das konfrontative Grunddenken, das spekulative Denken und die Verschwörungstheorien.
4. So prallen die beiden wichtigen Kulturkreise im Nahen Osten hart aufeinander. Hier geht es nicht um die falsche Theorie von dem Kampf der Kulturen Samuel Huntingtons. Um es zu unterstreichen: Israel ist ein Teil des hochentwickelten Westens in dem hoffnungslos zurückgebliebenen Orient. Im Fall der Fälle wird daher der Westen den Staat Israel nicht fallen lassen. Dies ist an die Adresse der islamistischen Extremisten gerichtet, die von der Vernichtung Israels träumen.

32. Israel und Palästinenser, Differenzierung

1. Israel ist einerseits ein hochentwickelter Rechtsstaat, der einzige im gesamten Orient, der andererseits große Probleme mit dem Völkerrecht und speziell mit dem Humanitären Völkerrecht (früher Gebräuche und Gesetze des Krieges, jus in bello) hat. So denken die meisten israelischen Regierungen nicht in Kategorien des Völkerrechts, sondern der political scienses (Politikwissenschaften) wie nationales Interesse, nationale Sicherheit und Macht. All dies haben sie von den USA übernommen.

2. Differenzierung
a) Zwischen der grundsätzlich moderaten Autonomiebehörde in Ramala und der fanatischen Hamas im Gaza-Streifen gibt es einen großen Unterschied. Während z.B. die Fatah den Staat Israel im Prinzip anerkennt, ist die totale Vernichtung Israels das Hauptziel der Hamas. Allein dies ist eine Völkerrechtsverletzung (Gewaltandrohung und hin und wieder auch Gewaltanwendung).
b) Offiziell nur der großspurige ehemalige iranische Präsident Ahmadinedschad bekundete häufig seine Absicht, Israel zu zerstören. Also empfiehlt es sich für Israel, differenzierter zu denken und zu handeln.

33. Israel und die Palästinenser aus völkerrechtlicher Sicht

1. Beide, das israelische Volk und das palästinensische Volk, besitzen das völkerrechtlich verbriefte Selbstbestimmungsrecht. Das israelische Volk konnte unter bestimmten historischen Bedingungen in einem Gebiet, das keine terra nullius (Niemandsland) war, durch die Gründung des jüdischen Staates Israel sein Selbstbestimmungsrecht verwirklichen.

Das palästinensische Volk konnte hingegen sein Selbstbestimmungsrecht bisher nur partiell durch die Bildung einer Autonomiebehörde realisieren. Es hat aber ebenfalls das originäre Recht auf Eigenstaatlichkeit.

Staaten, die das palästinensische Volk daran hindern, dieses Recht zu verwirklichen, verletzen schwerwiegend das Völkerrecht und zwar in zweifacher Hinsicht : Zum einen gehört das Selbstbestimmungsrecht zu den sieben grundlegenden Prinzipien des Völkerrechts, die eine Art Verfassung der gesamten internationalen Rechtsordnung darstellen. Zum anderen wird das Selbstbestimmungsrecht spätestens seit den zwei Menschenrechtskonventionen von 1966 als das höchste kollektive Menschenrecht betrachtet (Interpretationsfrage).

2. Der Staat Israel besitzt gemäß Völkerrecht Souveränität, d. h. vor allem Gebiets- und Personalhoheit. Hieraus ergeben sich sein Recht und seine Pflicht, für den Schutz seiner Bürger vor äußeren Gefahren zu sorgen. Er hat ferner ebenfalls das völkerrechtlich verbriefte Recht auf Unantastbarkeit seines Gebietes sowie seiner Grenzen.

Seine Nachbarn haben die Pflicht, dieses Recht ohne Einschränkung zu respektieren. Andernfalls verletzen sie das Völkerrecht. Dies kann durch aktives Tun oder durch Unterlassen geschehen.

Es ist jedoch mit Nachdruck klar zu stellen: Der völkerrechtliche Schutz bezieht sich auf die völkerrechtlich legitimierten Grenzen und nicht auf die gewaltsam geschaffenen Demarkationslinien. Das heißt: Die durch den Krieg von 1967 entstandenen Demarkationslinien genießen keinen uneingeschränkten völkerrechtlichen Schutz.

3. Der Staat Israel hat im Zuge des Krieges von 1967 Territorien seiner Nachbarn besetzt (occupatio bellica: kriegerische Besetzung). Kurz nach dem Krieg hat allerdings Israel einen verhängnisvollen Schritt getan: Gebiete arabischer Staaten sind teilweise annektiert worden. In den annektierten fremden Territorien sind Siedlungen für israelische Einwanderer errichtet worden, um u. a. fait accompli (vollendete Tatsachen) zu schaffen.

Damit hat Israel die internationale Rechtsordnung schwerwiegend verletzt. Hierbei handelt es sich nicht nur um einen Angriff auf das gesamte Völkerrecht, sondern auch um einen tragischen Irrtum Israels. In der UNO-Prinzipien-Deklaration, die 1970 einstimmig angenommen worden ist und nach der UNO-Charta das zweitwichtigste internationale Dokument ist, heißt es: „Eine durch Gewaltandrohung oder Gewaltanwendung vollzogene territoriale Aneignung darf nicht als rechtmäßig anerkannt werden".

Israel versucht zudem, aus der völkerrechtswidrigen Besetzung arabischer Gebiete eine Art Gewohnheitsrecht zu schaffen. Die arabischen Nachbarstaaten haben gegen diese völkerrechtswidrigen Praktiken Israels permanent protestiert und damit die Entstehung eines "Gewohnheitsrechts" verhindert. Es gilt also der Rechtsgrundsatz „ex iniuria non ius oritur" (aus Unrecht erwächst kein (Gewohnheits-) Recht). Gerade die Besetzung und die teilweise Annexion arabischen Territoriums ist der Dreh- und Angelpunkt des israelisch-palästinensischen Konfliktes. Ohne Beilegung dieses Konfliktes auf der Grundlage des Völkerrechts kann es in dieser Region keinen Frieden geben.

4. Das palästinensische Volk ist in Gestalt der PLO ein Völkerrechtssubjekt, also ein Träger von Rechten sowie von Pflichten im Sinne des Völkerrechts. Ferner ist die Autonomiebehörde ein Staat „in statu nascendi" „im Zustand des Entstehens"). Die palästinensische Regierung hat die Pflicht, dafür zu sorgen, dass von palästinensischem Territorium aus keine Gewaltakte gegen Israel verübt werden.

Das Problem besteht allerdings darin, dass ein Teil des palästinensischen Territoriums, namentlich der Gaza-Streifen, nicht von der Autonomiebehörde, sondern von einer extremistischen politischen Organisation, die Hamas verwaltet wird, die ganz offiziell und häufig erklärt hat, den Staat Israel vernichten zu wollen. Dies ist eine permanente Völkerrechtsverletzung. Von dem Territorium des Gaza- Streifens aus werden ziemlich oft wahllos Raketen auf Israel abgefeuert. Hierbei handelt es sich eindeutig um einen völkerrechtswidrigen Aggressionsakt. Daher ist Israel berechtigt, mit den erforderlichen militärischen Mittel darauf zu reagieren und die Raketenstellen vollständig zu vernichten. Das steht aus völkerrechtlicher Sicht außer Zweifel.

5. Die berechtigten Reaktivmaßnahmen Israels sind jedoch nicht grenzenlos, weil der Grundsatz der Verhältnismäßigkeit gilt. Die Verletzung dieses Grundsatzes stellt einen Exzess (völkerrechtswidrige Übertreibung), also ebenfalls eine Völkerrechtsverletzung dar.

6. Israel hat kein Recht, die Gründung eines palästinensischen Staates zu verhindern, denn es handelt sich um die Verwirklichung eines Grundrechts der palästinensischen Bevölkerung. Die Fortsetzung der jetzigen israelischen Politik gegenüber den Palästinensern könnte sich in der Perspektive zu einem Existenz gefährdenden Bumerang für Israel entwickeln.
Andererseits hat man Grund anzunehmen, dass gewichtige arabische Staaten sich über einen Staat der Palästinenser nicht unbedingt freuen würden. Außerdem gibt es unter den Palästinenser kaum Übereinstimmung darüber, was sie tatsächlich wollen. Es darf in diesem Zusammenhang daran erinnert werden, dass unmittelbar nach dem Verlassen des Gaza-Streifens durch die israelische Armee, die fanatische Hamas die moderate Hauptorganisation Fatah regelrecht beseitigt hat. Sie versucht etwas Ähnliches auch in West-Jordan zu tun.

34. Israel - Hamas, Verletzung des Völkerrechts durch die Kriegsparteien, Feuerpause, Beendigung der Kampfhandlungen, Analyse

Hier geht es nur um das spezielle Problem der Gewalt seitens der Hamas und der Reaktivmaßnahmen Israels.

1. Israel hat wie jeder andere Staat das Recht auf Selbstverteidigung im Falle eines Angriffs durch einen anderen Staat (Artikel 51 der UN-Charta). Geht es aber um die Tatbestände des Angriffs, so kann die UN-Aggressionsdefinition von 1974 herangezogen werden, nach der (Artikel 3, Buchstabe g) eine Aggression auch dann vorliegt, wenn ein Staat zulässt, dass von seinem Territorium aus Angriffshandlungen gegen einen anderen Staat vorgenommen werden. Dies geschieht häufig vom Gaza –Streifen aus gegen Israel. Normalerweise ist die dortige Behörde dazu verpflichtet, dass derartige Handlungen unterlassen werden.

2. Es bleibt jedoch nicht bei dieser Völkerrechtsverletzung, weil die Hamas-Organisation die Vernichtung Israels zum Hauptziel erklärt hat und hin und wieder Raketen abfeuert. Dabei wird in Kauf genommen, dass sie auch Zivilisten treffen können. Dies ist jedoch durch das Humanitäre Völkerrecht (frühere Bezeichnung: Kriegsrecht) strengstens verboten. In diesem Falle ist die Völkerrechtsverletzung schwerwiegend.

3. Allerdings ist die Gaza-Behörde weder ein Staat im Sinne des Völkerrechts noch ein Staat im Entstehungsprozess, sondern dem Wesen nach eine Terrororganisation, die Terrorakte als etwas Selbstverständliches begeht. Somit werden alle Tatbestände der 2001 von der UNO ausgearbeiteten Terror-Definition erfüllt: Terror ist eine Handlung, die den Tod oder schwerwiegende Verletzungen bei Zivilisten verursachen kann und dabei die Absicht besteht, bei der Bevölkerung Angst hervorzurufen.

4. Die Nichtanerkannte Staatlichkeit des Gaza-Streifens und darüber hinaus die fast internationale Qualifizierung der Hamas als Terrororganisation ändern nichts daran, dass der Staat Israel wie jeder andere Staat das völkerrechtlich verbriefte Selbstverteidigungsrecht besitzt. D.h., konkret, dass Israel mit allen Mitteln gegen die militärischen Einrichtungen, gegen bewaffnete Formationen sowie gegen die Führung dieser Organisation vorgehen darf.

5. Israel muss jedoch dafür sorgen, dass die zivile Bevölkerung nicht in Mitleidenschaft gezogen wird und keine zivilen Objekte wie z.B. Schulen etc. zerstört werden. Auch in diesem Falle gelten die elementaren Menschenrechte sowie die Grundsätze des humanitären Völkerrechts.

Kurzum: Israel als ein demokratischer Rechtsstaat (der einzige im Nahen Osten) darf sich keinesfalls wie die Hamas verhalten. Es dürfte klar sein, dass die internationale Öffentlichkeit darauf achtet. Es liegt daher im ureigensten Interesse Israels, den Rechtsgrundsatz der Verhältnismäßigkeit zu respektieren. Ansonsten beide Seiten verletzen das Völkerrecht und speziell das Humanitäre Völkerrecht.

1.Bestimmungen des allgemeinen Völkerrechts. Die kriegerischen Auseinandersetzungen begannen mit dem unterschiedslosen Raketenbeschuss Israels durch die Hamas. Dies stellt gemäß Art. 2, Ziff. 4 der UNO Charta (Verbot der Gewaltandrohung und Gewaltanwendung) einen schwerwiegenden Verstoß gegen das Völkerrecht dar. Israel machte von seinem Selbstverteidigungsrecht gemäß Art. 51 der UN-Charta Gebrauch.

2.Bestimmungen des humanitären Völkerrechts (Gebräuche und Gesetze des Krieges, Kriegsrecht, jus in bello), genauer: Ergänzungsprotokoll zu den Genfer Abkommen vom 12. August 1949 über den Schutz von Opfern internationaler bewaffneter Konflikte (Protokoll I) vom 10. Juni 1977 und das Ergänzungsprotokoll II gleichen Datums bei „nicht internationalen bewaffneten Konflikten".

Folgend wird es darauf beschränkt, die in Frage kommenden Bestimmungen zu erwähnen. Es wird den Lesern überlassen, die notwendigen Schlussfolgerungen daraus zu ziehen. Art. 51 (Schutz der Zivilbevölkerung), Ziff. 4, Buchst. c: Unterschiedslos geführte Angriffe sind verboten. Unterschiedslos geführte Angriffe sind: „solche, bei denen Kampfmethoden oder Kampfmittel angewandt werden, deren Auswirkungen nicht so begrenzt werden können, wie es dieses Protokoll fordert und die folglich solcher Art sind, dass sie militärische Ziele und Zivilpersonen oder zivile Objekte ohne Unterscheidung treffen können".

Ziff. 5, Buchst. a und b: Unter anderem sind folgende Angriffsarten als unterschiedslos zu betrachten: „ein Bombenangriff ..., bei dem eine Anzahl deutlich getrennter und zu unterscheidender militärischer Ziele, die sich in einer Stadt...,befinden, als ein einziges militärisches Ziel behandelt werden und ein Angriff, von dem erwartet werden kann, dass er auch Verluste unter der Zivilbevölkerung und Verwundungen von Zivilpersonen, ... zur Folge hat, die in keinem Verhältnis zu dem erwarteten konkreten und direkten militärischen Vorteil stehen würden".

Ziff. 7: „Die Anwesenheit oder Bewegungen der Zivilbevölkerung oder einzelnen Personen dürfen nicht benutzt werden, um militärische Operationen von bestimmten Punkten oder Gebieten fernzuhalten, insbesondere in dem Bemühen , militärische Ziele vor Angriffen zu bewahren oder militärische Operationen zu decken, zu begünstigen oder zu behindern. Die am Konflikt beteiligten Parteien dürfen die Bewegung der Zivilbevölkerung oder einzelner Zivilpersonen nicht mit der Absicht lenken, militärische Ziele vor Angriffen zu bewahren oder militärische Operationen zu decken". Dies trifft auf die Hamas zu. Aber der Ziff. 8 stellt unmissverständlich klar: „Eine Verletzung dieser Verbote entbindet keine der am Konflikt Beteiligten Parteien von ihren rechtlichen Verpflichtungen gegenüber der Zivilbevölkerung und Zivilpersonen, einschließlich der Verpflichtungen, die in Art. 57 vorgesehenen Vorsorgemaßnahmen zu treffen". Dies gilt für Israel.

Art. 52, Ziff. 1: „Zivile Objekte dürfen weder zum Gegenstand von Angriffen noch von Vergeltungsmaßnahmen gemacht werden". Dies gilt eindeutig für Israel, das Häuser von Hamas-Funktionären und der Familie von Selbstmordattentätern systematisch in die Luft sprengt. Ziff. 3 enthält vielleicht die für unseren Fall wichtigste Bestimmung: "Bestehen Zweifel, ob ein Objekt, das normalerweise zivilen Zwecken dient, wie eine Kultstätte, ein Wohnhaus oder andere Wohnstätten oder eine Schule benutzt wird, um einen effektiven Beitrag zur militärischen Aktion zu leisten, wird angenommen, dass es nicht so benutzt wird".

Nun wird der besonders traurige Fall der bombardierten UN-Schule mit vielen Kinder-Opfern etwas genauer untersucht. Mögliche Varianten:

a) Die Schule wurde bombardiert, obwohl bekannt war, dass darin sich Flüchtlinge, vor allem zahlreiche Kinder sich aufhielten. Das wäre gemäß Art. 6, Buchst. b des Statuts für den Internationalen Militärgerichtshof vom 8.August 1945 ein Kriegsverbrechen.

b) Die Schule wurde, wie nachträglich behauptet wird, aus Versehen bombardiert. Es lag sozusagen eine grobe Fahrlässigkeit vor. Auch in diesem Falle läge ein Kriegsverbrechen vor.

c) Hamas –Kämpfer hätten sich in der Schule verschanzt und von dort aus die israelischen Soldaten beschossen. In diesem Falle läge zwar ein Kriegsverbrechen vor, jedoch sollte auch die Schuld der Hamas erwähnt werden, denn sie hätte eindeutig die obigen Bestimmungen des humanitären Völkerrechts absichtlich und schwerwiegend verletzt.

Abschließend ist darauf hinzuweisen, dass solche Feinheiten die Hamas nicht im geringsten interessieren, denn sie feuert Raketen auf israelische Städte unterschiedslos mit der Absicht, so viele wie möglich israelische Zivilisten zu töten. Auch das gehört zu den Kriegsverbrechen. Wenn aber die Raketen moderner wären und eine höhere Zerstörungskraft, besäßen, dies könnte nach einigen Jahren durchaus möglich sein, dann läge das Verbrechen gegen die Menschlichkeit vor (Art. 6, Ziff. c, des oben genannten Statuts für den Internationalen Militärgerichtshof).

35. Israel - Hamas, Feuerpause, Beendigung der Kampfhandlungen, Beendigung des Kriegszustandes, Abschluss eines Friedensvertrages

Es lohnt sich wohl, sich mit diesen termini scientifici (wissenschaftliche Termini) etwas genau zu befassen. Feuerpause: Vorübergehende, d. h. für eine begrenzte Zeitspanne, Beendigung der Kampfhandlungen. Dies kann dennoch als ein kleiner Erfolg bewertet werden.

Bei einer größeren Verlängerung der Feuerpause kann sie Voraussetzungen für die Vereinbarung über die endgültige Beendigung der Kampfhandlungen schaffen. Hier beginnen die Probleme, weil die Hamas niemals damit einverstanden wäre, weil sie sich das Ziel gestellt hat, Israel mit militärischen Mitteln zu vernichten. Dies gleicht einer permanenten Kriegserklärung.

Normalerweise folgt der Beendigung der Kampfhandlungen auch das Ende des Kriegszustandes. Hierin liegt der Kern des Problems zwischen Israel und der Hamas, die davon ausgeht, im Rahmen eines fortdauernden Kriegszustandes zu handeln. Sie betrachtet dabei ihr militärisches Vorgehen als legitimen Kampf gegen die israelische Okkupation, obwohl Israel den Gaza-Streifen bereits 2005 freiwillig verlassen hat und infolgedessen keine Besatzungsmacht ist.

Die Hamas geht jedoch von der Prämisse aus, für das gesamte palästinensische Volk zu handeln, d.h. auch für jene, die im West-Jordan leben, mit dem politischen Ziel sukzessive die Fatah beiseite zu schieben, die Führung aller Palästinenser zu übernehmen und schließlich den ersehnten islamischen Gottesstaat zu schaffen und in der fernen Perspektive Israel zu eliminieren.

Der Beendigung des Kriegszustandes folgt normalerweise relativ schnell durch den Abschluss eines Friedensvertrages, dem aber die Hamas niemals zustimmen würde. Im Unterschied dazu könnte angenommen werden, dass vernünftig denkende Politiker der Fatah (Autonomie-Behörde in West-Jordan), unter Umständen natürlich mit internationalen Garantien an einem ergebnisorientierten Friedensprozess teilnehmen würde.

36. Hat Israel ein Selbstverteidigungsrecht?

Die Beantwortung der obigen Frage darf nicht subjektiv, sondern muss objektiv begründet sein.

Unabhängig von dem höchstkomplizierten Nah-Ost-Konflikt speziell zwischen Israel und den Palästinensern, hat in diesem Falle (häufige Raketenangriffe vom Gaza-Streifen aus) Israel das völkerrechtlich verbriefte Recht einzumarschieren und die in Frage kommenden Raketenstellungen vollständig zu zerstören.

Israel darf jedoch keine zivilen Einrichtungen (z.B. Schulen, Krankenhäuser etc.) angreifen. Es entspricht grundsätzlich den Interessen Israels, das Kriegsrecht (humanitäres Völkerrecht) zu respektieren und nicht unbedingt das archaische Prinzip „Auge um Auge, Zahn um Zahn" anzuwenden, was übrigens auf Hammurabi zurück zu führen ist (vor 3.750 Jahren) und viel später von den Hebräern übernommen worden ist.

37. Der „Plan" Trumps (über zwei Staaten)

geht von der Prämisse aus, dass die zahlreichen Siedlungen Israels auf palästinensischem Gebiet von den Palästinensern anerkannt werden. Man merkt schon, dass es in der Welt Trumps und Netanjahus kein Völkerrecht gibt. Und Netanjahu freut sich darüber diebisch. In der internationalen Diplomatie ist es üblich, dass der Vermittler völlig neutral ist. In diesem Falle unterstützt jedoch der selbsternannte Vermittler uneingeschränkt die eine Seite. Das verstößt gegen Art. 33 der UNO-Charta.

Es ist aber klar zu stellen: „ex injuria non jus oritur" („aus dem Unrecht entsteht kein Recht"). Niemals werden die Palästinenser den völkerrechtswidrigen Raub ihrer Heimat akzeptieren. Als Völkerrechtler betrachte ich diese „Initiative" als nicht akzeptabel, als Verhöhnung des leidgeprüften palästinensischen Volkes, als Instinktlosigkeit und als Provokation. Nach Völkerrecht gehört die Annexion fremden Gebietes zu den größten Verbrechen überhaupt. Und dennoch Netanjahu begeht dieses Verbrechen mit lachendem Gesicht leichtfertig und verantwortungslos. Er gefährdet dabei, perspektivisch betrachtet, die physische Existenz des israelischen Volkes im Nahen Osten.

38. Golan-Höhe, Annexion, Problemlösung

1. Die Annexion ist völkerrechtswidrig und verstößt insbesondere gegen das grundlegende Prinzip der Souveränen Gleichheit der Staaten und insbesondere gegen die territoriale Integrität als Bestandteil dieses Prinzips.

2. Die Annexion fremden Territoriums wird als eines der schwerwiegendsten Verbrechen gegen die internationale Rechtsordnung eingeschätzt.

3. Es ist grundsätzlich einzusehen, dass der Staat Israel sichere Grenzen braucht, und dass im Zuge eines Krieges die Golan-Höhe besetzt worden ist. Somit droht von diesem Gebiet aus keine Gefährdung der israelischen Sicherheit. Infolgedessen ist die Annexion nicht notwendig.

4. Egal, wie lange Israel die Golan-Höhe als annektiert betrachtet, ist es völkerrechtlich völlig ausgeschlossen, dass hieraus ein Rechtstitel entsteht, denn es gilt der Rechtsatz „ex injuria non jus oritur" („aus Unrecht entsteht kein Recht"). D.h., dass dieses Gebiet rechtlich weiterhin integraler Bestandteil des syrischen Staates ist.

5. Die „Anerkennung" der Annexion der Golan-Höhe durch die USA hat lediglich einen deklaratorischen Charakter und wirkt nicht konstitutiv, d.h. es wird keine neue Rechtslage geschaffen.

6. Das Problem kann nur durch einen Vertrag durch die Vermittlung der UNO zwischen Israel und Syrien über die totale Entmilitarisierung der Golan-Höhe und mit Sicherheitsgarantien für Israel endgültig geregelt werden.

39. Israel und die arabischen Staaten, Militärisch

Die Kriege von 1948 und 1973 sind von den arabischen Staaten ausgegangen, während der Krieg von 1967 von Israel begonnen wurde. Ursprünglich hatten die arabischen Staaten vor, Israel anzugreifen. Dagegen war allerdings die UdSSR. Nach der militärischen Niederlage vor allem der ägyptischen Armee protestierten tausende von Ägyptern in Kairo vor der sowjetischen Botschaft und warfen der UdSSR Verrat vor. Sie waren dabei, die Botschaft zu überfallen. Nasser jedoch stand vor dem Botschaftsgebäude und sagte wörtlich: Nur über meine Leiche. Argument der besiegten Araber: Wenn sich die UdSSR nicht eingemischt hätte, hätten die Araber Israel vernichtend geschlagen.

Worauf stützt sich die militärische Überlegenheit Israels gegenüber den arabischen Gegnern?

Eine sachliche Analyse

1. Israel vertritt im Nahen Osten die technologisch überentwickelte Erste Welt. Die arabischen Staaten hingegen befinden sich teilweise sozial im Mittelalter und allgemein sind sie so unterentwickelt, dass man sie als zur Dritten Welt gehörig betrachten kann.

2. Israel produziert und exportiert sogar nach Europa und in die USA modernste Waffen. Israel besitzt ferner seit Jahren die Atom-Bombe.

3. Israel stellt auf wissenschaftlichem Gebiet eine Supermacht dar (viele Nobel-Preisträger in den Naturwissenshaften).

4. Im Kriegsfall sind die Frauen in der Lage, sämtliche Aufgaben auf allen Gebieten (Industrie, Landwirtschaft, Verwaltung etc.) zu übernehmen und sie genau so gut wie die Männer zu erfüllen. Die Frauen in den arabischen Ländern sind hingegen aus religiösen und traditionellen Gründen nicht im Geringsten imstande, derartige Leistungen zu vollbringen.

5. In der Armee leisten alle, Männer (drei Jahre) und Frauen (21 Monate), zwischen dem 18. und dem 65. Lebensjahr. D.h., dass das Leben total militarisiert ist. Es gibt sogar Frauen mit dem Rang eines Generals.

6. Die Piloten der israelischen Luftwaffe gehören zu den besten der Welt. Teilweise handelt es sich um amerikanische Juden mit sechsjähriger Ausbildung in den USA und Kriegserfahrung, die nach Israel gegangen sind.

7. Die israelischen Geheimdienste sind im internationalen Maßstab die erfolgreichsten. Ein prägnantes Beispiel: Vor dem Krieg von 1967 war der Chef des syrischen Militärgeheimdienstes und persönlicher Berater des damaligen Präsidenten Hafiz el Assad in Sicherheitsfragen ein Offizier des israelischen militärischen Geheimdienstes!

8. Vielleicht das aller wichtigste: Es geht um den Selbsterhaltungstrieb: Die Israelis wissen wohl, was mit ihnen passiert, sollten die Araber den Krieg gewinnen. Insgesamt gehört die israelische Armee zu den modernsten der Welt. Sie war von Anfang an den arabischen Armeen haushoch überlegen. In den Kriegen von 1948 und 1956 z.B. dienten in der israelischen Armee ehemalige höhere Offiziere der besten Armeen der Welt aus dem Zweiten Weltkrieg mit Erfahrung vor allem was die Taktik betrifft (z.B. Zangenbewegungen und Vernichtung des Gegners).

Es muss auch beachtet werden, dass die USA die Schutzmacht Israels sind. Solange die USA existieren, ist die Sicherheit Israels gewährleistet. Es sei ferner betont, dass Israel mit Ägypten und Jordanien Friedensverträge abgeschlossen hat. Genau genommen, nur die Hamas, Hisbollah in Libanon und Iran träumen von einer Vernichtung Israels.

40. Die endlose Tragödie der Kurden

Ich bin davon überzeugt, dass es aus gegebenem Anlass zweckmäßig und notwendig ist, eine systematische Analyse des Kurdenproblems vorzunehmen. Teilanalysen bleiben nur ein Torso.

Der Vertrag von Lausanne von 1923 erwähnte vier Staaten, in denen Kurden leben. Die folgenden Angaben beziehen sich auf die Gegenwart.

a) Die Türkei (mit 18-20 % der Gesamtbevölkerung), wobei sie nicht als ethnische Minderheit anerkannt wurden. Dies war der Hauptgrund, dass die Kurden sechs Mal sich gegen die Türkei erhoben, jedoch alle Aufstände sind im Blute erstickt worden. Noch bis vor einigen Jahren war die kurdische Sprache, die zu der indoeuropäischen Sprachfamilie, und genauer zum Zweig der iranischen Sprachen gehört, verboten. Die Kurden wurden offiziell als Bergtürken bezeichnet. Im Jahre 1984 begann erneut ein Aufstand, während dessen der Ausnahmezustand von der türkischen Regierung verhängt wurde. Der Aufstand wurde mit der Verhaftung des PKK-Führers Özalan 1999 inoffiziell und 2013 offiziell beendet. Während des Aufstandes wurden 35 -40 tausend Menschen getötet. Im Rahmen der Bestrebungen der Türkei, in die Europäische Union aufgenommen zu werden, hat sie den Kurden einige Autonomierechte gewähren müssen. Seit einiger Zeit jedoch hat die EU die PKK als eine terroristische Organisation qualifiziert.

b) In dem Irak machen die Kurden ca. 16-20 % der Gesamtbevölkerung aus. Es entspricht der historischen Wahrheit, dass der Irak unter Saddam Hussein nicht nur allgemein Kriegsverbrechen, sondern darüber hinaus einen regelrechten Völkermord begangen hat, den die Kurden niemals vergessen werden.

Nur in einer kleinen Zeitspanne von 1970 bis 1972 wurde den Kurden eine eingeschränkte Autonomie und Beteiligung an der Regierung gewährt. Im Jahre 1991 wurde auf Grund einer Resolution der UNO eine Schutzzone geschaffen, und 2003 haben sich die Kurden am Kampf gegen das Regime des irakischen Diktators aktiv beteiligt. Gegenwärtig besitzt die kurdische Bevölkerung im Norden des Irak Autonomie jedoch keinen eigenen Staat im Sinne des Staatsrechts und des Völkerrechts. Das Tragische der irakischen Kurden besteht auch darin, dass sich seit Jahrzehnten die beiden mittelalterlich anmutenden Dynastien der Barzani und der Talabani bekämpfen.

c) Der Anteil der Kurden an der Gesamtbevölkerung Syriens beträgt ca. 10 %. Bis 1971 wurden die Kurden von dem Regime des Hafez Assad weder unterdrückt, noch erhielten sie irgendwelche Autonomierechte. Allerdings unter dem Regime des Bassar Assad wurden die Kurden wieder Objekt der Unterdrückung. Im Rahmen des Aufstandes der sunnitischen Mehrheit gegen das Regime der alevitischen Minderheit (ca.18%) ist es den Kurden gelungen, eine de facto -Autonomie zu erlangen. Dabei haben sie tapfer und erfolgreich gegen den Islamischen Staat gekämpft. Sie wurden lange von den amerikanischen Truppen unterstütz, die leider abgezogen wurden. Hierdurch haben die USA in dem chaotischen Syrien den militärisch wichtigsten Verbündeten verraten, worauf die Türkei lange gewartet hat, um gegen die Kurden massiv vorzugehen. Damit werde das Völkerrecht grob verletzt. Die Kurden werden diesen großen Verrat der USA niemals vergessen.

d) In Iran machen die Kurden 15-20 % der polyethnischen (Perser, Araber, Aserbaidschaner) Bevölkerung aus. Das theokratische System des Chomeini war nicht gewillt, den Kurden Rechte einer ethnischen Minderheit mit der Begründung zu gewähren, das in Iran Muslime leben, zwischen denen es nicht gestattet ist, Unterscheidungen vorzunehmen. Im Jahre 2005 fand der letzte Aufstand der Kurden in diesem Lande statt.

41. Lösung des Kurdenproblems

Die ideale Lösung des Kurdenproblems wäre die Schaffung eines einheitlichen Kurdenstaates, wie er von der Liga der Nationen nach dem Ersten Weltkrieg vorgeschlagen wurde. Allerdings dies setzt das Vorhandensein eines ebenso einheitlichen Nationalbewusstseins voraus. Aus meiner langen Erfahrung mit kurdischen Studierenden aus verschiedenen Ländern habe ich den Eindruck gewonnen, dass es kein einheitliches kurdisches Nationalbewusstsein gib. Es ist ferner zu berücksichtigen, dass ohne Ausnahme alle Staaten und in erster Linie jene mit den Kurden als ethnische Minderheit, gegen die Schaffung eines einheitlichen und unabhängigen Kurdenstaates mit ca. 35 Millionen Einwohnern sind, der das Gleichgewicht in der neuralgischen Region des Vorderen Orients über den Haufen werfen würde.

Die einzige realistische Lösung des Problems besteht eher darin, dass die Kurden als ethnische Minderheit mit umfangreichen Rechten und weitestgehender den oben erwähnten Staaten anerkannt werden und zwar mit internationalen Garantien.

42. Kurdischer Staat, Irakische Souveränität und Kurdisches Selbstbestimmungsrecht, Kurdischer Staat, Szenario (2014)

1. Die Schaffung eines kurdischen Staates wäre unbestritten die Realisierung des Selbstbestimmungsrechts der irakischen Kurden.

2. Gleich danach werden die Kurden Syriens, der Türkei und des Iran versuchen, sich mit diesem Staat zu vereinigen.

3. Jedoch aus Sicht der irakischen Verfassung und allgemeiner des Staatsrechts des Irak sowie der erwähnten Nachbarstaaten wäre die Separation Hochverrat.

4. Es liegt Grund zu der Annahme, dass patriotisch gesinnte Kräfte unter den Sunniten und den Schiiten gemeinsam militärisch gegen die Kurden vorgehen werden.

5. Die Nachbarstaaten, insbesondere die Türkei, werden Separationsbestrebungen der Kurden mit aller Kraft niederschlagen. Es wird in dieser Region eine allgemeine Destabilisierung mit weitreichenden Konsequenzen entstehen.

6. Schlussfolgerung: Einerseits sollten den Kurden für die Zwecke des Kampfes gegen die islamistischen Terror-Banden Waffen zur Verfügung gestellt werden, andererseits sollten jedoch als Gegenleistung die Kurden verpflichtet werden, gegenwärtig keinen unabhängigen Staat Kurdistan auszurufen.

43. Irakische Staatliche Souveränität und Kurdisches Selbstbestimmungsrecht

Im Allgemeinen stützt sich die Souveränität eines Staates auf das Selbstbestimmungsrecht der Nation oder der Nationalitäten. D.h., das mit der Staatsgründung das Selbstbestimmungsrecht der Nationen verwirklicht wird. Danach geht es entweder um die Minderheitenrechte oder allgemeiner um die Menschenrechte.

Der Staat Irak mit seinen drei Bevölkerungsgruppen (Schiiten, Sunniten, Kurden) besteht zwar mit einer Zentralregierung und einer Verfassung, jedoch ist er funktionsuntüchtig. Es ist eine Frage der Zeit, wann er auseinander fällt.

Die kurdische Ethnie in dem Irak wurde häufig brutal unterdrückt und es wurde an ihr unter dem brutalen orientalischen Despoten Saddam Hussein Völkermord begangen. Daher ist es durchaus verständlich, dass die Kurden den Wunsch haben, endlich einen eigenen Staat zu gründen.

Solange jedoch die Verfassung, wenn auch nur formal, gilt, wird die einseitige Ausrufung eines Kurdenstaates als Hochverrat zu bewerten sein. In einem solchen Fall wäre es nicht ausgeschlossen, dass unter Umständen Sunniten (nicht das „Kalifat“) und Schiiten sich gegen diesen Staat massiv verbünden.

Nach der möglichen Gründung eines Kurdenstaates im Nordirak würden die Kurden in Syrien und vielleicht auch in der Türkei ins Licht der Öffentlichkeit rücken. Es wäre durchaus möglich, dass das Territorium der syrischen Kurden dem neuen Staat zugeschlagen wird. Das hätte allerdings ein massives militärisches Vorgehen der syrischen Regierung gegen die abtrünnigen Kurden zur Folge.

Sollten die türkischen Kurden eine Separation und anschließend eine Vereinigung mit dem kurdischen Kernstaat anstreben, dann würde ohne Übertreibung die Türkei ihre gesamte Armee gegen die Kurden einsetzen.

Es wäre zumindest staatsrechtlich möglich, einen neuen irakischen Staat in Form einer Föderation zu gründen, was jedoch gegen die orientalische Tradition der Einheitsstaaten verstoßen würde. Im Prinzip ist der Bundesstaat nur in einigermaßen demokratischen Staaten üblich.

44. Erdogan und die Türkei

1. Unter Erdogan hat sich die Türkei dynamisch und allseitig entwickelt. Zu nennen ist vor allem die Industrierevolution insbesondere in Anatolien („Anatolische Tiger") nach erfolgten gründlichen notwendigen Reformen. De Türkei exportiert erst seit Erdogan Erzeugnisse fast in die ganze Welt. So stellt die Türkei im östlichen Mittelmeerraum und in West-Asien eine ökonomische Großmacht dar.

2. Die Gehälter und die Löhne wurden fast zum ersten Mal in der türkischen Geschichte verdoppelt und verdreifacht , wobei Erdogan als erster türkischer Politiker sich um die ärmeren Schichten der Bevölkerung gekümmert hat.

3. Es fand eine große Reform des gesamten Bildungswesens statt, und es wurden zahlreiche Universitäten gegründet. Des Weiteren werden auf der Grundlage von Spezialprogrammen begabte Studenten vorwiegend aus armen Familien großzügig gefördert.

4. Erdogan gab der Türkei die nationale Würde zurück. Die zahlreichen Erfolge sind Ausdruck eines gewachsenen Selbstbewusstseins und eines berechtigten Nationalstolzes.

5. Aber Erdogan hat sich nach dem gescheiterten Putsch gegen ihn zum autoritären Herrscher entwickelt. Ferner hat er fast alle Gegner seines Regimes zu Terroristen erklärt, gegen die seine Justiz erbarmungslos vorgeht. Dabei wird die Unabhängigkeit der Justiz weitestgehend aufgehoben.

6. In der letzten Zeit ist eine starke Tendenz zur Megalomanie und fast zum Pharaonentum, zu verzeichnen, was eigentlich bei totalitären Regimes üblich ist.

7. In der Außenpolitik tritt die Türkei in dem Bestreben, die Rolle einer bestimmenden regionalen Großmacht zu spielen, immer aggressiver auf, wodurch sie sich isoliert.

8. Schließlich ist die unumstrittene Tatsache zu berücksichtigen, dass durch die fortschreitende Reislamisierung immer deutlicher geworden ist, dass die Türkei Bestandteil des Islamischen Kulturkreises wenn auch mit einigen Merkmalen des Westens ist. Das bedeutet in concreto, dass die westliche Demokratie in der heutigen Türkei nicht gedeihen kann.

9. Das Schicksal Erdogans hängt in erster Linie von der Wirtschaftslage ab, die sich allmählich verschlechtert.

45. Erdogan , Hybris und Nemesis

Zwei integrale Bestandteile der orientalischen, darunter auch der türkischen Mentalität, seien genannt: Ablehnung der Kritik als etwas Unfreundliches, mitunter als feindlich und völliges Fehlen der Selbstkritik. Infolgedessen wird Erdogan versuchen, mögliche Schuldige für jedes Wahlergebnis bei seinen politischen Gegnern zu finden. Es ist mit einer großen Kampagne sogar mit mehr politischen Verfolgungen zu rechnen. Es gibt mehrere Gründe für das Wahlergebnis. Ich möchte nur auf die von ihm ständig betriebene Hybris (Hetzreden, Spaltung der Gesellschaft, paranoide Konfrontation), der die Nemesis (Strafe) ziemlich schnell gefolgt ist. Er besitzt nicht die Statur eines Staatsmannes. Somit hat Erdogan den Beweis geliefert, letzten Endes nicht der Präsident aller Türken, sondern dem Wesen nach nur der Präsident der AKP-Anhänger zu sein. Solche Politiker sterben im Allgemeinen keines natürlichen Todes.

Erdogan ist ein autoritärer Herrscher orientalischen Typs: Die Irrationalität und die Großmäuligkeit gehören zu prägenden Merkmalen der orientalischen Mentalität. Hierfür gibt es zahlreiche Beispiele aus allen Zeiten. All dies ist verbunden mit einer unvorstellbaren Selbstüberschätzung.

46. Staatsbürgerschaft, Doppelte, Türken in Deutschland

Problematischer Doppelpass

Ich beabsichtige nicht, auf die Vorgeschichte des Doppelpasses vor allem von Türken einzugehen. Mir geht es in erster Linie darum, die hohe Problematik des Doppelpasses aus Sicht des Völkerrechts aufzuzeigen.

Nach Aristoteles (Politica, Πολιτικά, nicht Politike) und mehr als zwei tausend Jahre später auch der österreichische Staatstheoretiker Georg Jellinek erwähnen drei wesentliche Bestandteile des Staates: Herrschaftsausübung, Bevölkerung und Territorium. Mit der Bevölkerung steht die Personalhoheit des Staates im Zusammenhang, die als Verbindung zwischen dem Staat und seinen Bürgern auch im Ausland gilt.

Auf die Personalhoheit stützt sich die Staatsbürgerschaft als ein Rechtsverhältnis zwischen dem Staat und seinen eigenen Bürgern. Aus ihr werden Rechte und Pflichten abgeleitet, so z.B. die Schutzpflicht des Staates gegenüber seinen im Ausland lebenden Bürgern und mehrere Verpflichtungen des Bürgers gegenüber seinem Vaterland. So sind z.B. die in Deutschland lebenden Türken verpflichtet, ihren Militärdienst in der Türkei zu leisten. Als Ausländer haben sie im Rahmen der Gesetze die ihnen zustehenden Grundfreiheiten und Menschenrechte zu besitzen, was eigentlich für ihr Leben ausreichend sein dürfte.

Im Allgemeinen Völkerrecht setzt die Erlangung einer neuen Staatsbürgerschaft die Entlassung aus der alten voraus, und nur in besonderen Ausnahmefällen ist es möglich, eine zweite Staatsbürgerschaft zu erlauben. Diese Einschränkung hat mit Sicherheitsfragen wie mit der möglichen Kollision von Rechten und Pflichten aus beiden Staatsbürgerschaften zu tun.

Eher aus politischen Gründen hat Deutschland zugelassen, dass Türken massenweise zwei Staatsbürgerschaften besitzen, woraus sie dem Wesen nach in erster Linie die Vorteile haben jedoch bei Beibehaltung des türkischen Staatsbewusstseins und bei völliger Abwesenheit eines deutschen Staatsbewusstseins. Ich frage mich, wieso das passieren konnte.

Schlussfolgerung: Die doppelte Staatsbürgerschaft ist ein gravierender Fehler der deutschen Politik. Ob er auch irreparabel ist, vermag ich nicht zu sagen

47. Türkische Schulen für türkische Schüler in Deutschland?

Aus Sicht des Internationalen Vertragsrechts

Es gibt ein ernsthaftes Problem: Deutsche Schulen in der Türkei für türkische Schüler (ganz normal). Türkische Schulen in Deutschland ebenfalls für türkische Schüler (nicht normal.

Aber nach den üblichen internationalen Vertragsrechtsbeziehungen müsste die Reziprozität (Gegenseitigkeit) ganz anders aussehen: Deutsche Schulen in der Türkei für türkische Schüler und türkische Schulen in Deutschland für deutsche Schüler (ganz normal). Jedoch türkische Schulen in Deutschland für türkische Schüler (nicht normal, daher inakzeptabel).

Mein Eindruck: Der türkische Vorschlag richtete sich direkt gegen die Integration der türkischen Jugendlichen und dient der Verewigung des mittelalterlichen islamischen Menschen -und Gesellschaftsbildes auch in Deutschland, was dem westlichen demokratischen und freiheitlichen System widerspricht.

Auch gegenüber Frankreich hat die türkische Regierung ähnliche Wünsche geäußert. Die Antwort des Präsidenten Macron spricht Bände: Die muslimischen Lehrer tragen dazu bei, dass die Schüler aus muslimischen Familien „sich von der Demokratie entfernen und folglich keine Gesetze respektieren... Wir können keine türkischen Gesetze im französischen Gebiet haben".

48. Türken, Dschihadisten, Kurden

Die Türkei hat am Anfand die Dschihadisten umfangreich und allseitig sogar mit Waffenlieferungen (offenes Geheimnis) unterstützt und zugleich zugeschaut, wie sie die Kurden angreifen und massakrieren. Gegenwärtig werden die Dschihadisten von der Türkei ausgebildet und mit Waffen versorgt, um gegen die Kurden zu kämpfen.

Die Kurden haben als kampferprobte Menschen den Hauptanteil an der Zerschlagung des „Islamischen Staates" geleistet. So haben sie die Anerkennung der Welt (Ausnahme Türkei) erlangt. Und ausgerechnet sie will unbedingt der autoritäre Herrscher der Türkei „ausrotten" und das nachdem, die Kurden die syrische Regierung, die bekanntlich von Russland unterstützt wird, um Hilfe gebeten haben? Ist die türkische Armee so sicher, dass sie im Falle eines Zusammenstoßes mit der syrischen Armee den Sieg davon tragen wird? Berechtigt ist in diesem Zusammenhang die folgende Frage: Wann und wo hat eigentlich die türkische Armee nach 1923 richtig, d.h. gegen eine andere reguläre Armee gekämpft?

49. Türkei und Syrische Kurden, Völkerrechtswidriges Vorgehen

Die Türkei hat keinesfalls das „Recht", militärisch zu intervenieren. Mit Beunruhigung stellen wir fest, dass die Türkei seine Nachbarn systematisch provoziert und dabei gegen Völkerrechtsprinzipien und –normen verstößt. Möglicherweise hat Erdogan keine Völkerrechtsberater, oder, sollten welche da sein, hört er nicht auf sie. Es ist zutiefst zu bedauern, dass der exzellente Fachkollege mit international vielbeachteten wissenschaftlichen Publikationen und ehemalige erfolgreiche Außenminister Ahmet Davutoğlu auf Eis gelegt worden ist. Seine Doktrin, „möglichst gute Beziehungen zu allen Nachbarn" ist von Erdogan über Bord geworfen worden. Erdogan macht genau das Gegenteil,

provoziert die Nachbarn und isoliert immer mehr die Türkei. Seine plumpe Außenpolitik könnte für die Türkei zu einer Katastrophe führen.
Es ist bekannt, dass die Türkei mit allen Mitteln versucht, in Nordsyrien die Entstehung eines autonomen kurdischen Gebietes zu verhindern, obwohl dies eindeutig völkerrechtswidrig ist. Sie hat panische Angst davor, dass es in der Perspektive über die Autonomie zu einer pankurdischen Staatlichkeit (Kurden des Irak, der Türkei, Syriens und des Iran) und zu Sezessionsbewegungen der Kurden in der Türkei kommen könnte.

Es gäbe schon eine realistische Möglichkeit der Problemlösung: Anerkennung der Kurden als ethnische Minderheit mit den international üblichen Rechten darunter zunächst Verleihung größerer Autonomie.

Nach dem Völkerrecht könnte die Türkei nur unter Vorliegen der im Artikel 3 der UNO-Aggressionsdefinition von 1974 in Konkretisierung und authentischer Interpretation des Rechts auf Selbstverteidigung (Artikel 51 der UNO-Charta) ausführlich erwähnten Voraussetzungen militärisch aktiv werden. Konkret, wenn kurdische Militärverbände die syrisch-türkische Grenze überschreiten und auf türkischen Territorium Gewaltakte verüben. Dies ist jedoch nicht der Fall.

Die abenteuerliche Gleichsetzung der syrisch-kurdischen YPG mit der türkisch-kurdischen PKK ist sehr willkürlich und kann international niemanden überzeugen.

Siehe ausführlich und konkret den infrage kommenden Artikel 3 der UNO-Aggressionsdefinition von 1974 (beachte insbesondere g):

„Artikel 3 Vorbehaltlich und nach Maßgabe der Bestimmungen des Artikels 2 gilt, ohne Rücksicht auf das Vorliegen einer Kriegserklärung, jede der folgenden Handlungen als Angriffshandlung:

a) die Invasion oder der Angriff der Streitkräfte eines Staates auf das Hoheitsgebiet eines anderen Staates oder jede, wenn auch vorübergehende, militärische Besetzung, die sich aus einer solchen Invasion oder einem solchen Angriff ergibt, oder jede gewaltsame Annexion des Hoheitsgebiets eines anderen Staates oder eines Teiles desselben;

b) die Beschießung oder Bombardierung des Hoheitsgebietes eines Staates durch die Streitkräfte eines anderen Staates oder der Einsatz von Waffen jeder Art durch einen Staat gegen das Hoheitsgebiet eines anderen Staates;

c) die Blockade der Häfen oder Küsten eines Staates durch die Streitkräfte eines anderen Staates;

d) der Angriff der Streitkräfte eines Staates auf die Land-, See- oder Luftstreitkräfte oder auf die See- und Luftflotte eines anderen Staates;

e) der Einsatz von Streitkräften eines Staates, die sich mit Zustimmung eines anderen Staates auf dessen Hoheitsgebiet befinden, unter Verstoß gegen die in dem entsprechenden Abkommen vorgesehenen Bedingungen oder jede Verlängerung ihrer Anwesenheit in diesem Gebiet über den Ablauf des Abkommens hinaus;

f) die Tatsache, dass ein Staat, der sein Hoheitsgebiet einem anderen Staat zur Verfügung gestellt hat, zulässt, dass dieses Hoheitsgebiet von dem anderen Staat dazu benutzt wird, eine Angriffshandlung gegen einen dritten Staat zu begehen;

g) das Entsenden bewaffneter Banden, Gruppen, Freischärler oder Söldner durch einen Staat oder in seinem Namen, wenn diese mit Waffengewalt Handlungen gegen einen anderen Staat ausführen, die auf Grund ihrer Schwere den oben aufgeführten Handlungen gleichkommen, oder die wesentliche Beteiligung daran. Artikel 4 Dies ist keine erschöpfende Aufzählung von Handlungen; der Sicherheitsrat (Official Records of the General Assembly, Twenty-ninth Session, Supplement No. 19 (A/9619 und Corr.1). 2 Resolution 2625 (XXV). Aus dieser Bestimmung geht eindeutig hervor, dass die Türkei völkerrechtswidrig handelt.

50. Türkische Invasion in Nordsyrien gegen die Kurden, Beistandsfall für die NATO?

Erdogan agiert mit dem orientalischen Krummsäbel, nicht mit dem feinen und diplomatischen europäischen Florett. Erdogan betreibt Hybris, der bald die Nemesis folgen wird. Er wird unweigerlich Opfer seiner neo-osmanischen Großmachtphantasien. Die Widerspiegelung der objektiven Realität (Demokrit) war nie die Stärke orientalischer Politiker und Staatsmänner. Die maßlose Selbstüberschätzung gehört zur orientalischen Mentalität.

Sind andere NATO-Staaten verpflichtet, die Türkei zu unterstützen? Gemäß Völkerrecht liegt kein Fall des casus foederis (Beistandsfall) vor. Die Türkei hat das Völkerrecht brutal verletzt. Infolgedessen sind die anderen NATO-Staaten rechtlich nicht verpflichtet, dem Aggressor Türkei zu helfen. Und eine Frage in militärischen Sachen sei erlaubt: Wann hat eigentlich die türkische Armee das letzte Mal richtig gekämpft? Die tapferen Kurden hingegen sind kampferprobt und besitzen hochmoderne amerikanische Waffen im Werte von 500 Mill. Dollar, mit denen sie als Bodentruppen den IS besiegt haben.

Aber der türkische Verteidigungsminister sprach bereits zu Beginn der Aggression von „unseren Helden". In Europa nennt man das „Orientalischen Triumphalismus". Hierbei handelt es sich um ein uraltes ethnologisches Phänomen.

51. Türkei (Klein-Asien), Wertvolle kulturhistorische Kenntnisse für Kultur-Touristen

Vor etwa 10 bis 11 tausend Jahren hat im Grenzgebiet zwischen der Türkei und dem Irak die Agrar-Revolution als erste Revolution der Produktivkräfte in der Menschheitsgeschichte stattgefunden. In diesem Gebiet wuchs und wächst auch gegenwärtig Wild-Weizen. Die Agrar-Revolution leitete dort das Neolithikum ein. So wurden aus Jägern, Sammlern und Fischern bodenständige Bauern. Hiermit begann die Zivilisation (Dörfer, Städte, Organisation der Gesellschaft, Arbeitsteilung).

Die landwirtschaftliche Produktion schuf die materiellen Voraussetzungen für relativen Reichtum und insbesondere für eine Bevölkerungsexplosion in dem Nord-Irak, in Syrien und in der Türkei, die große Völkerwanderungen nach Europa auslöste, wo lediglich wenige „Protoeuropäer" lebten. Zuerst wurde Bulgarien besiedelt. Zwischen dem 6. und dem 7. Jahrtausend wurde Griechenland von den Pelasgern, den Lelegern und den Karern besiedelt. In der griechischen Mythologie und Historiographie werden sie als die Ureinwohner Griechenlands betrachtet. Speziell die Pelasger besiedelten alle Ägäis-Inseln sowie die gesamte Küste der Adria (Albanien, Montenegro, Kroatien, Italien bis zu dem geographischen „Stiefel"). Das heißt, dass die Griechen, Albaner, Montenegriner und ein Teil der Italiener gemeinsame ferne Vorfahren haben. Alle Namen im Altgriechischen mit der Endung –eus (z.B. Odyss-eus, Thes-eus, Basil-eus: Führer, König), auf -nthos (z.B. Kori-nthos, Olly-nthos, a-nthos) und andere zahlreiche Wörter insbesondere von Pflanzen und Blumen sind pelasgischen Ursprungs.

Die Küste der heutigen türkische Ägäis wurde zunächst von Minoern-Kretern (um 1500 v.C.) und von Achaiern-Mykenern (im 13. Jh. v.C.) sporadisch besiedelt. Um 1250 v.C. eroberten von Zentraleuropa kommend, Indoeuropäer („Indogermanen", großgewachsen, blond, blaue Augen) das gesamte hellenische Gebiet. Weil sie kriegerisch waren, konnten sie nach langen Kämpfen die Ureinwohner besiegen. Zugleich setzten sich ihre Sprache und ihre Religion durch. Die vorwiegend männlichen indoeuropäischen höchsten Götter haben die in erster Linie weiblichen höchsten Göttinnen der Ureinwohner verdrängt.

Die militärischen Auseinandersetzungen zwischen den beiden großen Völkergruppen fanden ihre ideelle Widerspiegelung in der altgriechischen Mythologie: Kampf zwischen den Göttern (Indoeuropäer) und den Giganten oder Titanen (Ureinwohner), bekannt auch als Gigantomachia (Kampf der Giganten) oder Titanomachia (Kampf der Titanen). Natürlich haben die siegreichen Indoeuropäer später die Mythen geschaffen. Den Vorfahren der Griechen folgten die ebenfalls indoeuropäischen Thraker in Ost-Balkan und die Illyrer in West-Balkan. Die Angehörigen beider Völkergruppen waren ebenso hochgewachsen, die Illyrer blond, die Thraker rothaarig und blauäugig. Man kann solche Nachfahren insbesondere in Nordalbanien, in Kroatien und in Bosnien - Herzegowina, in Serbien und in Bulgarien sehen.

Die wichtigsten Stämme, die aus der Verschmelzung der Indoeuropäer mit den Ureinwohnern in Griechenland hervorgegangen waren, wurden bekannt als Ionier, die später zu den zivilisiertesten Griechen gehörten, die Achäer (um 1900 v.C. eingewandert) und die weniger zivilisierten Dorer (um 900 v.C. eingewandert).

Unter dem Druck der kriegerischen Dorer verließen die meisten Ionier und Achäer die Peloponnes und besiedelten massenweise die kleinasiatische Küste, die später als Ionien (Ionia, Ιωνία) bekannt wurde. Ihre bedeutendsten Städte waren Kolophon, Ephesos, Phokaia, Priene, Milet, Klazomenai und das frühere äolische (Stamm aus Thessalien) Smyrna. Es folgten die Dorer, die nur einen Teil der südlichen Küste der heutigen Türkei besiedelten.

In Ionia sind lange vor Athen eine Hochkultur und insbesondere das entstanden, was man noch heute als wissenschaftliches und philosophisches Denken bezeichnet. Zu nennen sind die Philosophen Thales (Θαλής) von Milet, Anaximenes (Αναξιμένης), Anaximandros (Αναξίμανδρος) und etwas später Anaxagoras (Αναξαγόρας), der Berater des größten Staatsmannes der Antike Perikles (Περικλής). Die genannten Philosophen waren Materialisten und erklärte Atheisten. Homeros (Ομηρος) war ebenso ein Ionier aus Smyrna . Aus der dorischen Stadt Halikarnassos (heute Bodrum) stammen der Philosoph Herakleitos (Ηράκλειτος: „Panta rhei“: „Alles fließt“ und verändert sich) und der Historiker Herodot (Ηρόδοτος).

Im 8.Jh. verließ ein Teil der Mileter die Stadt und wanderte durch die Dardanellen und den Bosporus in die nördliche Küste Klein-Asiens aus. Die Mileter gründeten zunächst die Stadt Sinope (Σινώπη), die allmählich über 60 Siedlungen um da Schwarze Meer schuf. Von ihnen sowie von gräzisierten kleinasiatischen Völkern stammen die späteren Pontos - Griechen.

Etwa 2300 Jahre v. C. wanderten aus dem Karpatengebiet die indoeuropäischen Hethiter in Kleinasien ein. Bereits 1700 v. C. gründeten sie ein großes Reich und im 13.Jh. galten sie als eine Supermacht. Sie waren bestens organisiert, äußerst erfinderisch, hatten eine perfekte Gesetzgebung und betrieben in der zweitgrößten Stadt Hannouscha (Silberstadt) Silberbergbau. Die Griechen übersetzten den Stadtnamen ins Griechische (Argyroupolis) und viel später die Türken in Goumoushane Ihre Hauptstadt hieß Hattouscha (heute Boghazköy, 150 km südlich von Ankara).

Dort fanden die Archäologhon die königliche Bibliothek (in Keilschschrift).

Ihre Sprache gilt als die älteste bekannte indoeuropäische Sprache, verwandt u. a. mit dem Altgriechischen, mit dem Lateinischen und mit dem Sanskrit/Altiranischen.

Es seien nur einige Beispiele genannt: watar: wasser (Ausgangspunkt für die Entzifferung des Hethitischen !); ginu: Griechisch: gony, Latein: genu, Knie ; kwis: wer, Latein: quis; pahhur: Feuer, altgriechisch: pyr,; labbu: gießen, Latein: lavi : er wusch; hastai: Knochen, Altgriecisch: Osteon; hanti: gegenüber, Altgriech: anti; intalu, Griechisch: dolios: der Falsche; Herz, Griech.: Kardia, Sanskrit (Alt-Iranisch): Karda, Latein: Cor, Cordis (Quelle: Oliver R. Gurney, Die Hethiter (Original: The Hittites, 1952), Dresden, 1969, Seiten 128-131). Ihr Nationalepos heisst Ullikummi, verfasst im 13. Jh. v. C. nach dem Vorbild des ältesten Epos der Menschheit, des sumerisch - akkadischen Gilgamesch.

Die Hethiter wurden international bekannt in erster Linie durch den Friedensvertrag von Kadesch (1285 v. C.) mit Ägypten, der zwischen ihrem König Hattuschili und dem Pharao Ramses II abgeschlossen worden ist. Der Vertrag enthält sogar Spezialbestimmungen über politische Flüchtlinge und Auslieferung und mutet insgesamt ziemlich modern an. Er diente im gesamten Orient als Vorbild für weitere Friedensverträge. Deswegen habe ich ihn im Rahmen der Spezialvorlesungen Geschichte des Internationalen Vertragsrechts sehr ausführlich behandelt und auch geprüft. Man kann diesen wahrhaftig welthistorischen Vertrag im Historischen Museum von Istanbul bewundern. Gleiches gilt im Museum auch für das erste Liebesgedicht der Menschheit überhaupt!

In der königlichen Bibliothek in Hattuscha ist auch ein keilschriftlicher Text gefunden worden, in dem der hethitische König die in Troja eingefallenen „Räuber“ Ahhijawa (Axaier, also Hellenen) auffordert, das Land zu verlassen, andernfalls wird er gegen sie vorgehen!

Ihr Reich ist 1210 v. C. von dem aus dem Balkan vordringenden thrakischen Stamm der Phryger vernichtet worden. Die Hethiter wurden von ihren Nachbarn folgendermaßen beschrieben: untersetzt, breites Kreuz, muskulös, kurzer und starker Hals, runder und großer Kopf, also ideal für den Nahkampf sowie für den Ringkampf. Viele Pontos-Griechen, deren Vorfahren aus Argyroupolis stammen, sehen noch heute haargenau so aus. Darunter befinden sich viele Verwandte von mir. Das bedeutet, dass schon in der Antike sich Griechen mit Nachfahren der Hethiter vermischt haben.

Folgend sollen weitere wichtige Völker des antiken Klein-Asien (Übersetzung der lateinischen Toponyme Asia Minor) genannt werden:

Trojaner, Dardaner: Nach Homer waren die Trojaner und die Dardaner eng verwandte Völker. In einigen Stellen der Ilias werden die Namen als Synonyme verwendet (Z. B. im 22. Gesang, Zeilen 188, 193/194: Original Homer: „Έκτορα δ' ασπερχές κλονέων έφεπ' ωκύς Αχιλλεύς./ ώς Έκτωρ ού λήθε ποδώκεα Πηλεΐωνα./ οσσάκι δ' ορμήσειε πυλάων Δαρδανιάων ..." : „Hektorn drängt unablässig im Lauf der Verfolger Achilleus./...So barg Hektor sich nicht dem Mutigen Renner Achilleus./ Wenn er auch oft ansetzte, zum hohen dardanischen Tore" (Übersetzung von J.H.Voss). Das heißt, dass beide illyrischer Herkunft waren. Dies gilt uneingeschränkt für die Dardaner. Das Ursprungsgebiet der Dardaner war das heutige Kosovo. Das Hydronym Dardanellen steht mit ihnen in Verbindung.

Lzder: Indoeuropäer, ihre Sprache gehörte der anatolischen Gruppe der indoeuropäischen Sprachen an. Sie traten in Erscheinung im 7. Jh. v. C. Ihr Reichtum gründete sich auf den Handel und auf die Goldgewinnung. Die wichtigsten Könige waren Gyges, Alyattes und vor allem der legendäre Kroisos, der Inbegriff des Reichtums. Die Hauptstadt hieß Sardeis. Ihre größte historische Leistung war die Erfindung des gemünzten Geldes, was die Griechen von ihnen übernommen hatten. Gerade das gemünzte Geld und das phönizische Alphabet, im 9. Jh. v.C. von den Griechen übernommen, waren nach Meinung der Althistoriker die Grundlage für die dynamische griechische Expansion im gesamten Mittelmeerraum sowie im Schwarzen Meer.

Phryger: Indoeuropäische Thraker. Sie stammen aus Ost-Makedonien und hießen ursprünglich Bryger. Sie besiedelten die Landschaft im mittleren Klein-Asien im 12. Jh. v. C. Ihre Hauptstadt war Gordion und ihr bekanntester König hieß Midas. Ihre wichtigste Gottheit war Kybele, die von den Römern als Magna Mater (Große Mutter) bezeichnet wurde). Ihre hochentwickelte Musik übte auf die griechische Musikentwicklung großen Einfluss aus. Die traditionelle phrygische Mütze (Kegelförmig mit ausgestopftem Zipfel) wurde von den französischen Jakobinern in abgewandelter Form übernommen und galt in der Zeit der Französischen Revolution als Symbol der Freiheit!

Karer: Vorindoeuropäisches Volk in Südwestkleinasien. Sie waren nach Homer Verbündete Trojas. Sie gehören zu den bereits erwähnten kleinasiatischen Völkern, die zwischen dem 7. und dem 6.Jahrt. Griechenland besiedelt haben. In der römischen Zeit waren die Karer gefürchtete Seeräuber wie die Illyrer, Vorfahren der Albaner in der Adria.

Lykier: Sie besiedelten die gebirgige Landschaft Südwest-Kleinasiens. Ihre Sprache gehörte zu den indoeuropäischen Sprachen Altanatoliens.

Galater (Kelten, Gallier): Im Zuge ihrer großen Völker-Wanderung breiteten sich zwischen dem 5. und dem 2. Jh. v.Chr.. die zahlreichen keltischen Stämme in Mittel-, Süd-, West- und teilweise in Nord-Europa (England, Irland) aus.

Prägend waren vor allem die gallischen Stämme (Römische Bezeichnung für ihr Totemtier Gallus: Hahn). Sie hinterließen auch Toponyme z.B. in Spanien das Gebiet Galicia, Gallia Transalpina: Gallien nördlich der Alpen, Gallia Cisalpina: Gallien südlich der Alpen sowie Hydronyme (wie z.B. Rhoinos: Rhenus: Rhein und Danubius: Donau).

Die Galater sind am weitesten gewandert. Sie stammten aus Europa, gehörten zu den zahlreichen keltischen Stämmen und Völkern und besiedelten am Anfang nach Einladung der Ionier im 3. Jh. die zentrale Hochebene Kleinasiens. Sie bildeten drei Hauptstämme: Tolistobogier, Tektosager und Trokmer. Das Hydronym Galata-Meer bedeutet „Das Meer der Galater". Sie gründeten die Stadt Ankyra (heutiges Ankara: Anker).

Die Galater galten als Unruhestifter in ganz Kleinasien bis sie von den Königen des Pergamon (Pergamon Altar) besiegt wurden. Sie waren hochgewachsen, hatten blaue bis grüne Augen und blondes bis rotblondes Haar.

Sie haben auch in der heutigen Bevölkerung der Türkei genauso wie die Hethiter ihre genetischen Spuren hinterlassen. Die gesamte Verwandtschaft meiner Oma väterlicherseits stammt von Galatern. Ihre Physiognomie ist immer noch echt keltisch. Der Unterschied zu den anderen Griechen ist sehr groß.

Kurden: Sie gehören zu den östlichen, den Schatem (von der Zahl 100 im Sanskrit)-Indoeuropäern. Ihre Sprache gehört zu der Familie der sieben indoeuropäischen iranischen Sprachen. Es gibt auch die Hatem (von der Zahl 100 im Griechischen: Hekaton) Indoeuropäer. Zu ihnen gehören fast alle europäischen Völker mit wenigen Ausnahmen (Hunnen-Magyaren, Finougrier und Basken).

Armenier: Die heutigen Armenier sind im Prinzip eine Mischung von alten Urartäern (einheimische Bevölkerung) mit den indoeuropäischen Armeniern, die im 5. Jh. v. C. eingewandert sind. Die Urartäer gelten als die Erfinder des Weinanbaus, der sich in ganz Klein-Asien ausbreitete und über die Phryger nach Griechenland und von dort aus nach Italien und Spanien gelangte.

Lasen und Tschanen: Sie gehören zu der Westgruppe der kaukasischen Völker und speziell der Georgier. Die georgischen Frauen sollen besonders schön sein. Mit Lasen haben sich meine Vorfahren väterlicherseits vermischt.

Tscherkessen (150 000): Sammelbegriff für mehrere muslimische Stämme im Nordwesten des Kaukasus. Zu ihnen gehören die eigentlichen Tscherkessen, die Kabardiner, die Adygen, die Abasinen und die Ubichen, die 1864 freiwillig in die Türkei auswanderten. Die Tscherkessinnen galten sowohl in Russland als auch in der Türkei als die schönsten Frauen. In Sultans Harem waren sie hochbegehrt.

Schlussfolgerung: Die Bevölkerung der Türkei stammt nicht nur von den ogusischen, also mongoliden Seltschuken und Osmanen, sondern auch von den genannten Völkern, denn es ist selbstverständlich in den vergangenen Jahrhunderten und Jahrtausenden zu starken Vermischungen gekommen. Etwas Ähnliches gilt auch für andere Völker Europas (Siehe in meinem Blog die Untersuchungen in Griechisch: „Herkunft der europäischen Völker", „Alte Germanen, Heutige Deutsche", „Herkunft der

Türken“, „Herkunft der Pontos-Griechen“, „Herkunft der Bayern“, „Herkunft der Kreter“). Aus ethnologischer Sicht bilden die heutigen Türken größtenteils den anatolischen Zweig der Indoeuropäer.

Klein-Asien ist also immer ein Schmelztiegel für Stämme und Nationen gewesen.

Onomastik: Erläuterung einiger wichtiger Namen

Amazonen: „Frauen ohne mazos“ (Griechisch: Brust). Die griechischen Sagen verbergen oft einen wahren historischen Kern. Fakt ist, dass bei den östlichen indoeuropäischen und speziell iranischen nomadisierenden Reiter- und kriegerischen Völkern, zu denen in erster Linie die Kimmerier, die Skythen und die Sarmaten (Sauromaten: Echsenäugige) gehörten, mitunter auch Frauen mit Bogen und Pfeil kämpften. Aus praktischen Gründen haben sie ihre Brüste mit Stoff festgebunden, um ohne Hindernis den Pfeil abschießen zu können. Bei der Teilnahme von Frauen an Kämpfen handelt es sich ohnehin um ein Überbleibsel des Matriarchats.

Die Kimmerier überrannten im 8. Jh. v.Chr.. mehrere Länder, darunter Nord- und teilweise auch Zentral-Kleinasien. Ihre ersten Opfer waren die Vorfahren der Pontos - Griechen, die zum ersten Mal mit Bogen schießende Frauen „ohne Brust“, also Amazonen, gesehen haben.

Bakchos (Lat.: Bacchus). Es handelt sich um ein phrygisches Wort mit der Bedeutung des Weingottes (Siehe unten in: Lexikon der Alten Welt… S. 755 sowie in: Lexikon der Antike, unten, S. 141). Das bedeutet, dass die Griechen den Weinanbau sowie den dazu gehörenden Gott von den Phrygern übernommen haben.

Dionysos (Διόνυσος): „Wein des Dias“, zweiter Name von Zeus, also „Göttlicher Wein“ ! Dionysos ist nach der altgriechischen Mythologie Sohn des Zeus und der Semele, die aus Klein-Asien stammte. Somit wird klarer, dass Dionysos der griechische Name des kleinasiatischen Weingottes Bakchos ist.

Homer (Ομηρος: „O mi oron“: Der Blinde. Es handelt sich eher um einen ionischen Dichter aus dem 8. Jh. v.Chr. Er hat zahlreiche Heldengeschichten aus der Bronzezeit zusammengefasst und daraus das erste Heldenepos Europas, die Ilias, geschaffen. Die Odyssee hingegen stammt nicht von ihm.

Trojanischer Krieg: Die Althistoriker sind der Meinung, dass der Grund für viele Auseinandersetzungen zwischen den Griechen und den Trojanern ökonomische Hintergründe hatten. Die Griechen waren angewiesen auf Getreide-Importe aus Skythien (heutige Ukraine). Das den Hellespont (Dardanellen) beherrschende Troja verlangte jedoch immer höhere Durchfahrtszölle, bis die Griechen beschlossen haben, das entstandene Problem ein für alle Mal mit Gewalt, also mit einem Krieg zu lösen. In der Ilias hingegen geht es um eine ausgesprochene Sage und nicht um ein historisches Dokument. Die Stadt hat zwei Namen: Troja und nach Homer Ilios, eine Verbalhornung des hethitischen Stadtnamens Wilusa. Später errichteten die Äoler aus Thessalien eine Siedlung mit dem Namen Ilion. So kommt es oft sogar in seriösen Lexikern zu Verwechselung der Toponyme.

Semele: ursprünglich eine thrakisch - Erdgottheit. Sie entspricht der urgriechischen Gaia (Erde), die als Trägerin aller Lebewesen, als Allmutter sowie als Urgottheit verehrt wurde. Durch die beiden Göttinnen kommt das Matriarchat zum Ausdruck.

Artemis: Phrygische Vegetations- und Fruchtbarkeitsgöttin in Kleinasien. Sie wurde von den Griechen sowie später von den Römern (Diana, Göttin der Jagd) übernommen.

Apollon: Hauptgott der Trojaner (Apollunia), gleichgesetzt mit der Sonne, kleinasiatischer Herkunft. Er entwickelte sich bei den Griechen zum Gott des Lichtes.

Barbaros: Das Wort Barbar ist hethitischen Ursprungs und bedeutet, der missverständlich Sprechende, der eine andere Sprache gebraucht. Gemeint waren vorwiegend die Völker des Pontos - Gebirges. Die Griechen übernahmen das Wort mit dieser Bedeutung. Erst bei den Römern erlangte der Begriff eine abschätzende Bedeutung insbesondere gegenüber den kulturell zurückgebliebenen germanischen Barbaren.

Hektor: stark, beständig.

Odysseus: Der zornige (Pelasgisch).

Eumenes: Der Gutgelaunte.

Attalos: Der in der Nähe des Meeres Wohnende.

Anaxagoras: Der Beherrscher (König) der Agora. Das Wort Anax (Αναξ) ist Mykenisch.

Anaximandros: Der Beherrscher (König) des Palastes.

Anaximenes: Der nicht zurück weichende Herrscher (König).

Herodotos: Gegeben wie Hera (die stets betrogene Frau des Zeus).

Herakleitos: Berühmt durch Hera.

Alexandros: alexein + aner: άνηρ (Genetiv: andros: ανδρός): die Männer (Räuber) abwehren, Beschützer.

Mithridates: Geschenk des (Gottes) Mithras. BAGDAT (Persisch): Geschenk der Götter. Theodoros: Geschenk des Gottes. Bogdan (Geschenk des Gottes, Slawisch). Die Wurzel Dat- ist Indoeuropäisch. JOHANNES: Johannah: Geschenk des Gottes, Hebräisch).

Istanbul: wörtlich: "Eis tin polin": „Hin in die Stadt". Bedeutung: Im alten Rom gab es das Sprichwort „Alle Wege führen nach Rom „. Konstantinopel galt als das zweite Rom und war Synonyme für die Stadt überhaupt. Der obige Spruch galt auch für Konstantinopel, aber nicht für das selbsternannte „Dritte Rom" Moskau!

Dareios. Richtig Altpersisch: Dariuyavausch: „Das Gute hält".

Kyros. Richtig Altpersisch: Kurusch oder auch Kurasch.

Xerxes. Richtig Altpersisch: Khschayarscha: „Herrscher über Helden".

Satrap. Richtig Altpersisch: Kschatrapavan: „Hüter des Reiches".

Yauna: Ionien Gebiet der Ionier.

Perseus: Eroberer, Zerstörer.

Medusa: schlau, sehr intelligent.

Priamos: Der Erlöser.

Hekabe (Frau des Priamos, Mutter von Hektor und Paris): Die Reisende.

Telemachos: Der Fernkämpfer. Das Wort Tele (Tele-phon, Tele-pathie etc.) gehört zu den ältesten griechischen Wörtern überhaupt.

Olympos: Berg oder Sitz der Götter (Pelasgisch). Es gibt mehrere Berge mit diesem Namen in Griechenland, in Kleinasien und auf Zypern.

Kassandra: Die glänzende (Frau) zwischen den Männern.

Ptolamaios: Ursprünglich Ktolemaios (Altmakedonisch): Der Kriegerische.

Diadochos: Der Nachfolger. Es geht um die ehemaligen Hetairoi (Gefährten, Jugendfreunde), später Generäle und nach seinem Tode Nachfolger Alexander des Großen: Antipatros (Αντίπατρος) in Griechenland und Makedonien, Antigonos (Αντίγονος) in Phrygien, Lykien und Pamphylien (viele Stämme), Ptolemaios (Πτολεμαίος) in Ägypten, Seleukos (Σέλευκος) in Babylonien und Syrien, Lysimachos (Λυσίμαχος) in Pontos und Thrakien.

Epigonos: Der Nachkomme eines Diadochen.

Konstantinos: Lateinischer Name mit griechischer Endung: Der Standhafte. Abgeleitet von constant: standhaft. Ursprünglich war bei den Römern den Name Constans üblich. Der Kaiser Constantinus der Großer war Römer, hat Constantinopolis als Hauptstadt des Östlichen Imperium Romanum Occidentalis (Ost-Römisches Reich) gegründet, sorgte dafür, dass das Christentum als mit den anderen Religionen gleichberechtigt anerkannt wurde und hat nebenbei seine gesamte Verwandtschaft beseitigen lassen. In menschlicher Hinsicht war er also ein großer Verbrecher. Die orthodoxe Kirche betet ihn dennoch als „heilig" an!

Interessant: Im Imperium Romanum Ocidentalis galt als Reichssprache natürlich Latein. Jedoch haben die römischen Kaiser zwischen dem 6. und dem 7. Jh. n.Chr. entschieden, das Griechische jener Zeit zu Reichssprache zu erheben. Damit wurde zugleich die Überlegenheit der griechischen Kultur gegenüber der römischen höchstoffiziell anerkannt. Beides, Kultur und Sprache, haben alle Völker des Reiches und damit alle Untertanen, die Romani (Romäer) erheblich beeinflusst.

Gerade dies hat Ende des 19. Jh. griechische nationalistisch denkende Historiker dazu veranlasst, das Oströmische Reich zu einem griechischen Reich zu erklären. Dies bildete die ideologische Grundlage der ultranationalistischen „Großen Idee" („Megali Idea"), deren Hauptzielstellung gleich nach dem Ersten Weltkrieg darin bestand, die osmanischen Türken mit Gewalt nach Asien zu vertreiben und das „Byzantinische Reich" (Terminus scientificus) erst im 19. Jh.) wieder zu errichten. Dieser Wahnsinn endete für das gesamte Griechentum mit einer großen nationalen Tragödie, bekannt als „Kleinasiatische Katastrophe".

Einen ähnlichen Fehler haben während des Zweiten Weltkrieges die Deutschen Nationalsozialisten mit der utopischen Idee vom „Groß-Deutschland" begangen. Auch dies endete mit einer ähnlichen nationalen Katastrophe.

Literatur (Auswahl ohne die zahlreichen Beiträge in Fachzeitschriften):

-Homer, Ilias, Altgriechischer Text. Editionen von David Binning Monro,Thomas William Allen und Augustus Taber Murray, Oxford 1920.
-Homer, Ilias, Übersetzung von Johann Heinrich Voß, Leipzig, 1870 (Nachdruck der Ausgabe von 1793).
-Das Lied von Ullikummi, Dichtungen der Hethiter, Herausgegeben und übertragen von Liane Jakob-Rost, Leipzig, 197.
-Lexikon der Alten Welt, Hrsg. von Carl Andresen und andere, Drei Bände (Patmos Verlag 1990), Albatros Verlag, Tübingen und Zürich, 2001 (Bemerkung: Hierbei handelt es sich um ein Standard Werk, verfasst von 236 Wissenschaftlern, Althistorikern und Altphilologen , aus den besten Universitäten aller Deutschsprachiger Länder , über 6000 dicht beschriebene Seiten). Das Lexikon ist jedem Interessierten zu empfehlen.
-Lexikon der Antike, Hrsg. von Johannes Irmscher (118 hochspezialisierte Althistoriker und Altphilologen), Leipzig, 1987.
-Der Alte Orient in Stichworten, Hrsg. von Helmut Freydank und anderen, Leipzig 1978.
-Das große Lexikon der Völker, von Josef Guter, Köln, www.komet-verlag.de
-Lexikon der griechischen Welt von Guy Rachet, Hamburg 2005 (Übers. aus dem Französischen: Dictionnaire de la civilisation greque, Paris 1996).
-Die Hethiter, von Oliver R. Gurney, Middlersex 154 .
-Die Hethiter und ihre Nachbarn, von E. und H. Klengel, Leipzig 1970.
-Die Sprachen der Welt, von Frederick Bodmer (Orig. The Loom of Language), Köln 1997.
-Die Anfänge Europas, 6000-500 v. Chr. von Venceslas Kruta, München 1993 (Original: L'Europe des Origines. La Protohistoire 6000-500 avant J.-C., Paris 1992.
-Die Indeuropäer, Aufbruch aus der Vorgeschichte, von R. Schmoekel, Bergisch Gladbach 1999.
-Thraker zwischen Karpatenbogen und Ägäis, Leipzig, Berlin 1984.
-Völkerkunde für Jedermann, Hrsg. von Eva Lips und anderen, Leipzig 1967.
-Etymologisches Lexikon der Vornamen, von Petros A. Alexiadis, Thessaloniki, in Griechisch.

52. Die syrische Katastrophe, Versuch einer Analyse

1. Syrien hat seit spätestens 3.500 Jahren das große Pech, zwischen Groß- bzw. Supermächten (Ägypter, Hethiter, Assyrer, Babylonier, Perser, Griechen, Römer, Araber) zu liegen. Ein weiterer Nachteil

war die Nichtexistenz eines einheitlichen Staates. Auch gegenwärtig kreuzen sich im Makrokosmos Syriens Interessen vieler Player unterschiedlicher Gewichtung. Im demographischen Mikrokosmos Syriens stoßen Interessen der Mehrheit der Sunniten mit der stets herrschenden Minderheit des Aleviten (nur 18% der Gesamtbevölkerung) zusammen.

2. Im Jahre 1971 hat der Militär und späterer Politiker Hafez al Assad Syrien vor dem unerträglichen Chaos gerettet, das jahrelang dauerte. Hafez al Assad hat ein säkulares und wie es im ganzen Orient üblich ist, ein autoritäres bis diktatorisches Regime installiert. Derartige Herrschaftssysteme entsprechen vollauf der Tradition sowie der Mentalität der orientalischen Völker, die ohne Zweifel mit der Demokratie nicht viel anfangen können. Die Demokratie passt eigentlich nicht zu der islamischen Tradition und insgesamt zum Islamischen Kulturkreis. Noch mehr: Islamischer Kulturkreis und Demokratie bilden eine contradictio in adjecto (Widerspruch in sich). Eine Minderheit von Intellektuellen ändert an dieser Feststellung nicht viel. Deswegen erweisen sich Bestrebungen, die westliche Demokratie auf muslimische Gesellschaften anzuwenden, als große und mitunter als zerstörerische Illusion.

Es wird sachlich konstatiert, dass die Baath - Partei („Arabischer Sozialismus". d.h. Drittwelt-Sozialismus) große Erfolge ökonomischen und vor allem sozialen Charakters aufzuweisen hat. Die Baath – Partei hat schwerpunktmäßig den armen Bauern geholfen und die Ausbildungskosten insbesondere das Studium für ihre Kinder an Universitäten im In- und Ausland übernommen. Einer meiner ausländischen Doktoranden stammte z.B. aus einer armen Bauernfamilie und erzählte mir, dass noch zwei Brüder von ihm auf Staatskosten im Ausland studierten. Den Frauen wurden viele Rechte und Freiheiten gewährt. Die Mädchen durften an den Universitäten im In- und Ausland studieren. Die Frauen durften ferner eigentlich nach israelischem Vorbild in der Armee dienen und bildeten besondere Bataillone mit eigenen weiblichen Offizieren. Insgesamt hatte ich den Eindruck, dass der Präsident bei der Mehrheit des Volkes beliebt war, sonst hätte es in den vergangenen Jahrzehnten Aufstände gegeben.

3. Die USA und Israel sind nach offizieller syrischer Auffassung Erbfeinde der arabischen „Nation", die jedoch eine Chimäre darstellt. Syrien wird sich niemals mit dem Verlust eigenen Territoriums abfinden, welches von Frankreich benutzt wurde, um den christlichen Staat Libanon willkürlich zu schaffen. Syrien ist des Weiteren nicht bereit, sich mit der Besetzung und Annexion der Golan-Höhe durch Israel abzufinden.

4. In Syrien herrscht traditionell eine große religiöse Toleranz. Insbesondere die Christen werden durch den syrischen Staat mit größtem Respekt behandelt. Die offiziellen Beziehungen zwischen dem syrischen Staat und der christlichen Religion basieren auf der gegenseitigen Achtung.

5. Die regionalen Mächte Israel, Türkei, der Iran , die Großmacht Russland und die Supermacht USA haben in Syrien strategische Interessen unterschiedlicher Gewichtung, während die Interessen der ökonomischen Großmacht Saudi-Arabien (Sunniten) unter Beachtung des Rivalen Iran (Schiiten) vorwiegend religiösen Charakters sind. Zwischen den USA und Israel sind im Prinzip übereinstimmende, zwischen den USA und Russland konträre, zwischen Syrien und Israel extrem entgegen gesetzte, und schließlich zwischen Syrien und der Türkei unterschiedliche bis konträre Interessen festzustellen. Nachdem die USA den irakischen Diktator Saddam Hussein gestürzt und letzten Endes das

Gleichgewicht im Persischen Golf und insgesamt im Vorderen Orient zerstört haben, ist der Diktator Libyens Gaddafi von Großbritannien und Frankreich ebenso gestürzt worden, wodurch in Libyen ein großes Chaos entstanden ist. Man glaubte, die Gegner des syrischen Machthabers Baschar al Assad unterstützen zu müssen, um eine „demokratische Ordnung" zu etablieren. Dabei hat der Westen sträflich übersehen, dass die bewaffneten Formationen der Assad-Gegner von Kämpfern des „Islamischen Staates" unterwandert waren.

So kämpft die offizielle Armee der Regierung gegen die verschiedenen Gegner und zugleich gegen die Terroristen des „Islamischen Staates", während der Westen und einige arabische Staaten die Assad-Gegner unterstützen und zugleich gegen den „Islamischen Staat" kämpfen. Die syrischen Kurden kämpfen gegen den „Islamischen Staat" und zugleich für eine weitreichende Autonomie. Die Türkei geht militärisch gegen die Kurden und angeblich auch gegen den „Islamischen Staat" vor, und die russische Luftwaffe bombardiert den „Islamischen Staat" und parallel dazu auch die Gegner des Baschar al Assad.

6. Die Sunniten sind entschlossen, die Herrschaft zu übernehmen, aber es kommt zu Zusammenstößen mit den Dschihadisten und den anderen extremistischen Kräften, die andere Ziele verfolgen. Besser wäre es gewesen, wenn keine ausländische Macht sich in die inneren Angelegenheiten Syriens eingemischt hätte. Im Falle des Sieges der Sunniten ist mit einem regelrechten Völkermord an den Aleviten zu rechnen. Auch daher ist es absolut notwendig, dass ohne Vorbedingungen (z.B. Sturz des Assad-Regimes) eine internationale Friedenskonferenz mit Beteiligung von Großmächten (USA, Russland) und anderen direkt oder mittelbar betroffenen Staaten (Iran, Türkei, Saudi-Arabien) einberufen wird.

53. Syrien und Demokratie stellen eine contradictio in adjecto (Widerspruch in sich) dar

Es ist illusorisch anzunehmen, dass die westliche Demokratie mit Individualrechten und Freiheiten in den muslimischen Ländern gedeihen könnte. Es fehlen einfach die notwendigen Voraussetzungen wie das Individuum, der citoyen (Staatsbürger) und die demokratische Tradition. Es herrschen vielmehr seit eh und je autoritäre Regime, die allein in der Lage sind, Stabilität zu garantieren.

Wie dies geschieht, gehört nach dem Völkerrecht in der Welt der unterschiedlichen Kultur -und Rechtskreisen zu den inneren Angelegenheiten der betreffenden Staaten.

Der Westen hat zuerst in Libyen und danach mit voller Macht in dem Irak die vorhandene innere und regionale Stabilität mit den bekannten verheerenden Folgen in erster Linie für die europäischen Staaten zerstört.

Dass es in erster Linie um ökonomische und geostrategische Interessen des Westens, Russlands und des Iran geht, liegt prima facie vor.

Was Syrien anbelangt, sei auf die traditionelle Unfähigkeit der politischen Kräfte hingewiesen, sich zusammen zu tun, um etwas Vernünftiges für das Allgemeinwohl zu erreichen. Dies war der

Hauptgrund, dass der Hafis al-Assad, ein Vertreter der Alevitischen Minderheit (ca. 18-20 % der Bevölkerung) 1970 putsche und 30 Jahre das Land diktatorisch regierte.

54. Der Westen und der Orient, Militärische Interventionen des Westens gegen Orientalische Staaten

Wie ist speziell in Irak, in Libyen und in Syrien zu dem nicht zu übersehenden Chaos gekommen? Wer ist für dieses Desaster eigentlich schuld?

In den genannten Ländern herrschten Stabilität und ein gewisser Wohlstand. Das Herrschaftssystem war natürlich nach orientalischer Tradition autoritär. Die Einführung der Demokratie wäre hingegen eine große Chimäre. Alles, was innerhalb dieser Staaten geschah, gehörte nach Völkerrecht zu ihren inneren Angelegenheiten. Aus geostrategischen und Rohstoffinteressen sind verantwortungslos diese Länder direkt militärisch und völlig völkerrechtswidrig angegriffen und zerstört worden (Irak, Libyen), oder es erfolgte eine gezielte Einmischung in die inneren Angelegenheiten (Syrien).

In allen drei Fällen brach alles zusammen und diese Staaten fielen auf das Niveau von failed states zurück.

Speziell im Persischen Golf ist das jahrelang bestehende militärische Gleichgewicht zwischen Irak, dem Iran und Saudi-Arabien beseitigt worden. Dies führte zu einer weiteren Stärkung des Iran. Zugleich haben die USA an Saudi-Arabien modernste Waffensysteme geliefert. Somit herrscht heute im Persischen Golf zwischen den Rivalen, dem schiitischen Iran und dem sunnitischen Saudi-Arabien fast ein militärisches Gleichgewicht. Sollte es seitens der USA zu einer Zerstörung auch des Iran kommen, so würde sich in dieser Region eine gewaltige Katastrophe mit großen Folgen auch für Europa ereignen.

Was den Iran betrifft, sei darauf verwiesen, das Anfang der 50er Jahre des vergangenen Jahrhunderts der frei gewählte Präsident Mossadeqh von dem Westen gestürzt wurde, weil er gewagt hat, die Anglo-Iranian Oil Company zu nationalisieren. Es folgte der Schah und 1979 erlangte nach der Iranischen Revolution Chomeini die Macht und errichtete ein theokratisches und totalitäres System.

Letzten Endes ist der Westen schuld daran, dass heute in dem Iran ein totalitäres System herrscht. Will nun der Westen wieder militärisch eingreifen? Das wäre das crescendo der Paranoia.

55. Zur Lage in Libyen

1. Ursache und Wirkung: Die heutige katastrophale Situation in Libyen (Bürgerkrieg, Chaos, Armut, Hoffnungslosigkeit, Flüchtlinge und en general Libyen als failed state) ist in erster Linie auf das militärische Eingreifen Großbritanniens und Frankreichs zurück zu führen , die unvernünftigerweise und bei großer Ahnungslosigkeit der Geschichte des Landes und der Mentalität der Libyer Gaddafi gestürzt haben.

2. In den orientalischen und in den nordafrikanischen Ländern herrschen seit Jahrtausenden Despoten, Könige, autoritäre Politiker und Diktatoren. Solche Systeme kann man beim besten Willen nicht nach den Kriterien des Westens beurteilen, weil sie zumal islamisch ein völlig anderes Welt – und Menschenbild haben, welches dem westlichen Welt – Menschenbild konträr ist.

3. Libyen besteht aus verschiedenen Ethnien und Stämmen, welche die Herausbildung einer einheitlichen Nation mit eigenem Nationalbewusstsein und eigenem Staatsbewusstsein verhindert haben. Vielmehr existiert wie im Mittelalter ein starkes Stammesbewusstsein.

4. Nur eine zentrale Staatsgewalt unter der starken Führung eines autoritären Herrschers kann die Stämme zusammen halten. Es hat sich nunmehr deutlich gezeigt, dass der „Arabische Frühling“ eine westliche Chimäre war.

5. Die westlichen Staaten sollten sich auch im eigenen Interesse nicht in die inneren Angelegenheiten Libyens einmischen. Der nächste starke Mann in Libyen wird ohne Zweifel wieder ein Militär sein. Siehe Ägypten (Diktator Mubarak, „Arabischer Frühling”, diktatorische Moslembrüder, Diktator Sisi).

56. Iran, Einmischungsverbot nach Völkerrecht

Im Iran handelt sich um ein theokratisches und totalitäres System. In der Welt wimmelt es von ähnlichen politischen Gebilden. Besonders schlimm ist das totalitäre wahhabitische Regime in Saudi-Arabien, welches zu den besten Verbündeten der USA im Nahen Osten gehört. Warum kritisieren eigentlich die USA Saudi-Arabien niemals?

All dies gehört jedoch zu den inneren Angelegenheiten anderer Staaten. Das Einmischungsverbot in die inneren Angelegenheiten anderer Staaten zählt zu den sieben grundlegenden Prinzipien der UNO-Charta und des Völkerrechts. Das heißt allerdings nicht, dass die Staaten mit ihrer Bevölkerung alles machen können. Kommt es zu schwerwiegenden, massiven und systematischen Verletzung der Menschenrechte oder gar zum Völkermord (z.B. in Kambodscha), dann gehört dies nicht mehr zu den inneren Angelegenheit, sondern hat sich schon zu einer internationalen Angelegenheit entwickelt.

Die offizielle Einschätzung wird nicht von einzelnen Staaten, sondern von der Menschenrechtskommission oder von der UNO-Vollversammlung getroffen. Danach befasst sich mit dem Fall das höchste Organ der UNO und zwar der Sicherheitsrat, der auf der Basis des Einstimmigkeitsprinzips (sehr problematisch) der fünf ständigen Mitglieder die erforderlichen Maßnahmen, sogar militärischen Charakters einleiten kann.

57. Die Hormus - Meerenge aus Sicht des Internationalen Seerechts (Seevölkerrechts)

Notwendige Informationen: a) Das Internationale Seerecht ist Bestandteil und zugleich der größte Zweig des Völkerrechts. b) Bis 1958 gab es nur das Gewohnheits-. Internationales Seerecht. Danach wurde es kodifiziert in Gestalt von drei Konventionen mit insgesamt 84 Artikeln: Konvention über das Territorialgewässer und die Anschlusszone, Konvention über das offene Meer und Konvention über den Festlandsockel. c) Im Jahre 1982 ist die UNO-Konvention über das Seerecht als Grundlage des Internationalen Seerechts (Seevölkerrechts) mit 311 Artikeln und mehreren Anlagen von der UNO verabschiedet worden. Sie trat 1994 in Kraft, gilt jedoch nur für die Staaten, die sie unterzeichnet und ratifiziert haben. Es sei darauf verwiesen, dass weder die USA, noch der Iran, dieses Dokument ratifiziert haben. Bei den USA ist es üblich, fast keine internationalen Abkommen universellen Charakters zu ratifizieren. Sie legen ohnehin keinen Wert auf das internationale Recht. Die USA unter Trump gehen noch weiter und zerstören systematisch die internationale Rechtsordnung (Völkerrecht, Internationales Wirtschaftsrecht, Internationales Finanzrecht).

1. Hier interessieren die geographisch in der Tat sehr komplizierten Einzelheiten nicht, sondern es geht in erster Linie um den Fakt, dass die Hormus - Meerenge („Straße") zum Territorialgewässer (Küstenmeer) des Iran gehört.

2.Dennoch ist die friedliche Durchfahrt von Handelsschiffen sowie von Kriegsschiffen möglich.

Zuerst sei die Konvention von 1958 erwähnt:
Abschnitt III Recht der friedlichen Durchfahrt, Unterabschnitt A Regeln für alle Schiffe

Art. 14
1. Vorbehaltlich der Bestimmungen dieser Artikel genießen die Schiffe aller Staaten, ob Küsten- oder Binnenstaaten, das Recht der friedlichen Durchfahrt durch das Küstenmeer.
2. Als Durchfahrt gilt die Fahrt durch das Küstenmeer zum Zweck, es entweder ohne Berührung der inneren Gewässer zu durchqueren oder in die inneren Gewässer einzulaufen oder von den inneren Gewässern in die Hohe See auszulaufen.
3. Die Durchfahrt schließt das Recht zum Stoppen und Ankern ein, jedoch nur insoweit, als dies zum normalen Schiffsverkehr gehört oder infolge höherer Gewalt oder Seenot erforderlich wird.
4. Die Durchfahrt gilt als friedlich, solange sie nicht den Frieden, die Ordnung oder die Sicherheit des Küstenstaates beeinträchtigt. Die Durchfahrt hat gemäß diesen Artikeln und den anderen Regeln des Völkerrechts zu erfolgen.
5. Die Durchfahrt fremder Fischereifahrzeuge gilt nicht als friedlich, wenn sie die Gesetze und Vorschriften nicht beachtet, die der Küstenstaat erlassen und veröffentlichen kann, um diesen Fahrzeugen das Fischen im Küstenmeer zu verbieten.
6. Unterseeboote haben über Wasser zu fahren und ihre Flagge zu zeigen.

Art. 15
1. Der Küstenstaat darf die friedliche Durchfahrt durch das Küstenmeer nicht behindern.
2. Der Küstenstaat hat alle ihm bekannten Gefahren, die in seinem Küstenmeer für die Schifffahrt bestehen, in geeigneter Weise bekannt zu machen.

Art. 16
1. Der Küstenstaat kann in seinem Küstenmeer die erforderlichen Maßnahmen treffen, um eine nichtfriedliche Durchfahrt zu verhindern.

2. In Bezug auf Schiffe, die in innere Gewässer einlaufen, ist der Küstenstaat ferner berechtigt, die erforderlichen Maßnahmen zu treffen, um jede Verletzung der Bedingungen zu verhindern, unter denen solche Schiffe in diese Gewässer zugelassen sind.
3. Vorbehältlich des Absatzes 4 kann der Küstenstaat, ohne fremde Schiffe untereinander diskriminierend zu behandeln, in bestimmten Zonen seines Küstenmeeres die friedliche Durchfahrt fremder Schiffe vorübergehend verbieten, wenn dies für den Schutz seiner Sicherheit unerlässlich ist. Ein solches Verbot wird erst nach gehöriger Bekanntmachung wirksam.
4. Die friedliche Durchfahrt fremder Schiffe durch Meerengen, die der internationalen Schifffahrt zwischen einem Teil der Hohen See und einem anderen Teil derselben oder dem Küstenmeer eines fremden Staates dienen, darf auch vorübergehend nicht verboten werden.

Art. 17
Üben fremde Schiffe das Recht der friedlichen Durchfahrt aus, so haben sie die vom Küstenstaat in Übereinstimmung mit diesem Artikel und den anderen Regeln des Völkerrechts erlassenen Gesetze und Vorschriften zu beachten, insbesondere solche, die den Transport und die Schifffahrt betreffen. Der Art. 17 Artikel ist von hoher Bedeutung für den Küstenstaat. D.h. in concreto. Dass das Durchfahrtsrecht nicht absolut ist, wie dies in der Zeit der amerikanischen Kanonen-„Diplomatie" der Fall war.

Aus Sicht des Internationalen Vertragsrechts als des wichtigsten Zweigs des Völkerrechts besteht für die Staaten, welche dieser Konvention nicht beigetreten sind, die Möglichkeit, dieselbige als Gewohnheitsrecht anzuwenden. Jetzt kommen wir zu der Seerechtskonvention von 1982, die vertragstheoretisch für die USA und den Iran nicht binden ist, weil beide dieses Dokument nicht ratifiziert haben. Dennoch sollte sie nicht unbeachtet bleiben. Die gesamte Problematik der Meerengen und der friedlichen Durchfahrt wird in den Artikeln 34-45 exakt geregelt. Es sei zunächst der Art. 34 genannt, um die Rechte des Iran evidenter zu machen: „Rechtsstatus der Gewässer von Meerengen, die der internationalen Schifffahrt dienen(1) Die in diesem Teil festgelegte Durchfahrtsordnung für Meerengen, die der internationalen Schifffahrt dienen, berührt im Übrigen nicht den Rechtsstatus der solche Meerengen bildenden Gewässer oder die Ausübung der Souveränität oder der Hoheitsbefugnisse über diese Gewässer und deren Luftraum, Meeresboden und Meeresuntergrund durch die Meerengenanliegerstaaten.(2) Die Souveränität oder die Hoheitsbefugnisse der Meerengen-Anliegerstaaten werden nach Maßgabe dieses Teiles und der sonstigen Regeln des Völkerrechts ausgeübt."

Das Transitrecht wird in den Art. 38 und 39 ebenso ausführlich geregelt: „Recht der Transitdurchfahrt(1) In den in Artikel 37 bezeichneten Meerengen genießen alle Schiffe und Luftfahrzeuge das Recht der Transitdurchfahrt, die nicht behindert werden darf; ...„Transitdurchfahrt" bedeutet die in Übereinstimmung mit diesem Teil erfolgende Ausübung der Freiheit der Schifffahrt und des Überflugs lediglich zum Zweck des ununterbrochenen und zügigen Transits durch die Meerenge zwischen einem Teil der Hohen See oder einer ausschließlichen Wirtschaftszone und einem anderen Teil der Hohen See oder einer ausschließlichen Wirtschaftszone. Jedoch schließt das Erfordernis des ununterbrochenen und zügigen Transits die Durchfahrt durch die Meerenge zu dem Zweck nicht aus, einen Meerengen-Anlieger Staat unter Beachtung seiner Einreisebedingungen aufzusuchen, zu verlassen oder von ihm zurückzukehren. (3) Jede Tätigkeit, die keine Ausübung des Rechts der Transitdurchfahrt durch eine Meerenge ist, unterliegt den anderen anwendbaren Bestimmungen dieses

Übereinkommens. Artikel 39 Pflichten der Schiffe und Luftfahrzeuge während der Transit- Durchfahrt (1) Schiffe und Luftfahrzeuge müssen, wenn sie das Recht der Transitdurchfahrt ausüben, a) die Meerenge unverzüglich durchfahren oder überfliegen; b) sich jeder Androhung oder Anwendung von Gewaltenthalten, die gegen die Souveränität, die territoriale Unversehrtheit oder die politische Unabhängigkeit eines Meerengenanliegerstaats gerichtet ist oder sonst die in der Charta der Vereinten Nationen niedergelegten Grundsätze des Völkerrechts verletzt; c) sich jeder Tätigkeit enthalten, die nicht mit ihrem normalen ununterbrochenen und zügigen Transit zusammen hängt, sofern sie nicht durch höhere Gewalt oder einen Notfall erforderlich wird;..."
Wie dem auch sei, einerseits darf der Iran nicht willkürlich die Meerenge schließen, andererseits sind Provokationen der USA und Großbritanniens zu vermeiden, es sei denn diese Staaten hegen gegenüber dem Iran kriegerische Absichten. In diesem Falle wird es aber keine „Koalition der Willigen" wie bei der völkerrechtswidrigen Aggression gegen den Irak geben.

58. Streit zwischen dem Vereinigten Königreich und dem Iran aus völkerrechtlicher Sicht

1. Am 5.Juli haben britische Marinesoldaten der Royal-Marines einen syrischen Erdöltanker gestoppt und geentert mit der Begründung, dass der Transport des für Syrien vorgesehenen Erdöls ein Verstoß gegen internationale Sanktionen darstelle. Aber nach Völkerrecht und speziell nach der UNO-Charta kann nur der UNO-Sicherheitsrat gegenüber Staaten Sanktionen verhängen. Somit kann das Vorgehen der Briten als völkerrechtswidrig eingeschätzt werden. Nach britischer Auffassung befände sich das Schiff im Territorialgewässer Gibraltars, während die iranische Seite von internationalen Gewässern spricht.
2. Am 19.Juli haben Revolutionsgarden in der Meerenge (Straße) von Hormus einen britischen Öltanker gestoppt und umgeleitet mit der Begründung, dass es sich um eine Reaktion auf das Entern des iranischen Erdöltankers durch die Britten handelt. In solchen Fällen lässt das Völkerrecht Reaktivmaßnahmen in Form von Selbsthilfe zu. Nach iranischer Auffassung habe sich der Tanker im Territorialgewässer des Iran befunden, während die britische Seite vom offenen Meer spricht.
3. Somit ist zwischen dem Vereinigten Königreich und dem Iran ein Rechtsstreit entstanden, der zu eskalieren droht. Offiziell ist der Iran gegen Schiffe anderer Staaten nicht vorgegangen. Infolgedessen ist bis jetzt der freie internationale Schiffsverkehr durch die Hormus – Meerenge nicht gefährdet. Hieraus ergibt sich die Schlussfolgerung, dass besondere militärische Maßnahmen mit dem Ziel, den internationalen Schiffsverkehr zu schützen, nicht notwendig sind.
4. Andere Staaten, abgesehen von den USA; haben eigentlich mit diesem Streit nichts zu tun. Dies gilt u. a. auch für Deutschland, das klugerweise nicht bereit ist, sich an militärischen Abenteuern der USA und des Vereinigten Königreichs in dieser extrem gefährlichen Region zu beteiligen.
5. Sollte es zu militärischen Auseinandersetzungen zwischen den USA und dem Vereinigten Königreich einerseits und dem Iran andererseits kommen, so gibt es für andere Staaten, darunter für Deutschland, keine Rechtspflicht im Sinne des casus foederis (Beistandsfall) gemäß Artikel 5 des NATO-Vertrages von 1949, der wie folgt lautet: „Die vertragsschließenden Staaten sind darüber einig, dass ein bewaffneter Angriff gegen einen oder mehrere von ihnen in Europa oder Nordamerika als ein Angriff gegen sie alle betrachtet werden wird, und infolgedessen kommen sie überein, dass im Falle eines solchen bewaffneten Angriffs jeder von ihnen in Ausübung des in Artikel 51 der Charta der Vereinten Nationen anerkannten Rechts zur individuellen oder gemeinsamen Selbstverteidigung

den Vertragsstaat oder die Vertragsstaaten, die angegriffen werden, unterstützen wird, indem jeder von ihnen für sich und im Zusammenwirken mit den anderen Vertragsstaaten diejenigen Maßnahmen unter Einschluss der Verwendung bewaffneter Kräfte ergreift, die er für notwendig erachtet, um die Sicherheit des nordatlantischen Gebietes wiederherzustellen und aufrechtzuerhalten".
In diesem Zusammenhang wird der Artikel 1 des NATO-Vertrages erwähnt: „Die vertragsschließenden Staaten verpflichten sich, gemäß den Bestimmungen der Charta der Vereinten Nationen jeden internationalen Streitfall, an dem sie beteiligt sein mögen, durch friedliche Mittel in der Weise zu regeln, dass Frieden, Sicherheit und Gerechtigkeit unter den Völkern nicht gefährdet werden, und sich in ihren internationalen Beziehungen jeglicher Drohung oder Gewaltanwendung zu enthalten, die in irgendeiner Weise mit den Zielen der Vereinten Nationen nicht vereinbar ist." Dies entspricht vollauf dem grundlegenden Völkerrechtsprinzip der friedlichen internationalen Streitbeilegung.
Es drängt sich die berechtigte Frage danach auf, was eigentlich die USA und Großbritannien in dieser Region bezwecken. Geht es vielleicht letzten Endes um einen regime change, wie dies bereits 1953 praktiziert wurde, indem der frei gewählte Ministerpräsident Mohammad Mossadegh mittels der Geheimdienst-Militäroperation Ajax gestürzt wurde, nur weil er es gewagt hat, die Anglo-Iranian Oil Company zu verstaatlichen?
6. Der US-Präsident betont immer wieder seinen Slogan „America first", aber vielleicht gibt es auch ein „America alone"? Der britische Premier wiederum hat den Brexit mit zu verantworten und dem Wesen nach betreibt wie sein amerikanischer Bruder im Geiste eine Interessen- und egoistisch orientierte nationalistische Politik. Glauben beide im Ernst, dass die EU-Staaten ausgerechnet ihnen gegenüber solidarisch verhalten würden ?

59. Unterschiede und Gemeinsamkeiten zwischen dem Iran und Saudi-Arabien

a) Der Iran hat eine ruhmreiche Vergangenheit (der erste multiethnische Großstaat der Welt). Saudi-Arabien hat sich erst vor einigen Jahrzehnten zum Staat entwickelt. Davor gab es kulturell unterentwickelte Beduinen-Stämme.

b) Der Iran verfügte über eine Hochkultur und besitzt heute eine sehr entwickelte Kultur. In Saudi-Arabien kann man hingegen von keiner besonderen Kultur sprechen.

c) Der Iran ist schiitisch, d.h. im Zentrum der Islaminterpretation steht die soziale Gerechtigkeit (Fortsetzung der Gerechtigkeitslehre des Zarathustra). Saudi-Arabien hingegen vertritt den Wahhabismus, die radikalste sunnitische Richtung theoria cum praxi. Im Mittelpunkt steht die Scharia. Die Sunniten betrachten die Schiiten nicht als Muslime, sondern als Ketzer.

d) Der Iran stellt eine regionale Großmacht dar, während Saudi-Arabien militärisch trotz modernster US-Waffen relativ schwach ist. Verfügt außerdem über keine ernsthafte Kriegserfahrung.

e) Der Iran betrachtet die USA als Feind, während Saudi-Arabien als größter Freund der USA in der Region gilt.

Es sind aber auch ähnliche Merkmale zwischen ihnen festzustellen:

a) Beide haben das orientalisch-islamische Gesellschafts - und Menschenbild.

b) Beide sind autoritäre bzw. diktatorische Regime.

c) Mit allen Mitteln unterstützen sie in anderen Ländern die eigene islamische Ausrichtung.

d) Sie gelten als Rivalen, und jeder von ihnen beansprucht die dominierende Rolle in der Region.

e) Beide verfügen über reiche Erdölvorräte.

60. Saudi- Arabien, Herrschaftssystem

Es ist wohltuend festzustellen, dass die missverstandene political correctness gegenüber Saudi Arabien allmählich überwunden wird und eine realistische Einschätzung sich durchsetzt. Ich vermisse allerdings tiefer gehende Untersuchungen, die ein Eindringen in das punctum quaestionis des saudiarabischen Herrschaftssystems sui generis ermöglichen.

Dem Wesen nach handelt es sich um eine Synthese von mittelalterlichen Grundpositionen, von orientalischem Patriarchalismus, religiösem Fanatismus, großer Rückständigkeit und von wesentlichen Elementen des Totalitarismus. In einem solchen kulturellen und politischen System gibt es nicht und wird es auch nicht geben die Demokratie, der Anthropozentrismus (es herrscht ein ungezügelter Theozentrismus), das selbstbewusste Individuum, der staatstragende Citoyen, der Rechtsstaat, die Gewaltenteilung, die grundlegenden Menschenrechte und Freiheiten, die Gleichberechtigung der Geschlechter und allgemein die Zivilgesellschaft.

Historisch betrachtet, geht es um Strukturen und Traditionen, die seit Jahrtausenden uneingeschränkt herrschen und das Denken und Handeln der orientalischen Herrschenden und Beherrschten beeinflussen, ja ihre Gesamtidentität formen. Auch der Kronprinz wird daran nicht viel ändern wollen und können.

Deshalb empfiehlt es sich, sich keinen Illusionen über die Zukunft von diesem aber auch von anderen islamisch geprägten Staatsgebilden hinzugeben.

61. Abbruch der Wirtschaftsbeziehungen zu Saudi-Arabien wegen der Ermordung des Journalisten?

Prämisse meiner Meinungsäußerung ist die Beachtung der Tatsache, dass es gegenwärtig unterschiedliche Kulturkreise mit ebenso unterschiedlichen, teilweise entgegen gesetzten Gesellschafts - und Menschenbildern gibt.
Genannt seien hier nur der Kulturkreis des Westens (Anthropozentrismus, Individuum, Bürger, Demokratie, Menschenrechte und Grundfreiheiten, Gleichberechtigung der Geschlechter, Rechtsstaat, Gewaltenteilung) und der orientalisch-islamische Kulturkreis (Theozentrismus, kein Individuum, kein Citoyen, Priorität der Gesellschaft vor dem Einzelnen und des Staates vor dem Untertan, Priorität der Familie gegenüber dem Einzelnen, nicht Individual- sondern objektive Rechte und Freiheiten, Unterordnung der Frau, totalitaristische Tendenzen) erwähnt.

In den Beziehungen der zu diesen Kulturkreisen gehörenden Staaten zueinander gilt die internationale Rechtsordnung unter Beachtung der gegenseitigen Interessen, speziell des gegenseitigen Vorteils. Natürlich können die Staaten, sich auf internationale Menschenrechtskonventionen berufend, schwerwiegende Verletzungen dieser Rechte anprangern.
Dabei ist es nicht unbedingt nötig, die Handelsbeziehungen abzubrechen, weil eben für sie andere Kriterien gelten. Genauso verfährt Deutschland in den Beziehungen mit China, welches nicht unbedingt als Vorbild bei den Menschenrechten und den Grundfreiheiten gilt. Es gibt zahlreiche Beispiele dieser pragmatischen Art.
Es drängt sich ohnehin die Frage auf, wie viel Staaten international als echt demokratisch zu betrachten sind.

62. Verträge mit Saudi-Arabien; Keine Vertragserfüllung wegen Menschenrechtsverletzungen?

Hauptprämissen für meine sachliche Position :

1. Menschenrechte auf der einen Seite und saudi-arabische Religion und Tradition auf der anderen Seite stellen eine contradictio in adjecto dar. Menschenrechte und Grundfreiheiten sind in Saudi-Arabien eine regelrechte Chimäre. In dem Orientalisch-islamischen Kulturkreis, der weder das Individuum, noch den Citoyen, noch die Demokratie kennt und in dem der Theozentrismus seit Jahrtausenden total herrscht, kann es in der Endkonsequenz keine Menschenrechte und Grundfreiheiten geben.

2. In erster Linie Saudi-Arabien ist daran schuld, dass in Jemen tausende von Kindern sterben. Es wundert mich, dass die selbsternannten Menschenrechts -Verteidiger dazu schweigen. Wo bleiben ihre Proteste?

Allgemeine Grundlage der Haltung der souveränen Staaten zu Problemen der internationalen Beziehungen sind ihre legitimen Interessen in ihrer Komplexität. Das konkrete Fundament dieser Beziehungen sind die grundlegenden Völkerrechtsprinzipien, enthalten in der UN-Charta. Sie wiederum bringen ein minimum an moralisch-ethischen Elementen zum Ausdruck. D. h. dass a) die internationalen Staatenbeziehungen sich nicht auf allgemein gehaltenen Moralprinzipien stützen, b) wegen der Existenz recht unterschiedlicher Kulturkreise es nicht nur unterschiedliche, sondern auch konträre Moral - Auffassungen gibt, z.B. über die Demokratie, das Herrschaftssystem, die Gewaltenteilung, die Rechtsstellung der Frau, das Verhältnis von Staat und Kirche etc. und schließlich c) Staaten unterschiedlicher Kulturkreise können miteinander durchaus vielfältige Beziehungen unterhalten.

Es fragt sich auch, ob Staaten, die weiterhin ihre Vertragsverpflichtungen gemäß dem Völkerrechtsgrundsatz pacta sunt servanda gegenüber dem diktatorischen saudi-arabischen Regime erfüllen, weniger moralisch sind, als jene, welche die Moral überbetonen.

Schließlich sei an Hegel erinnert: Interessen bestimmen das Handeln von Menschen und Völkern. Etwas Ähnliches hat der altgriechische Philosoph Epikur (Επίκουρος) vor 2400 Jahren nachgewiesen.

63. Saudi-Arabien, Kriegsverbrechen in Jemen

Insbesondere die saudische Luftwaffe verletzt systematisch Bestimmungen des humanitären Völkerrechts (Gebräuche und Gesetze des Krieges, Kriegsrecht), genauer: Ergänzungsprotokoll zu den Genfer Abkommen von1949 über den Schutz von Opfern internationaler bewaffneter Konflikte (Protokoll I) von1977 und das Ergänzungsprotokoll II gleichen Datums.

Art. 51 (Schutz der Zivilbevölkerung), Ziff. 4, Buchst. c: „Unterschiedslos geführte Angriffe sind verboten. Unterschiedslos geführte Angriffe sind: „solche, bei denen Kampfmethoden oder Kampfmittel angewandt werden, deren Auswirkungen nicht so begrenzt werden können, wie es dieses Protokoll fordert und die folglich solcher Art sind, dass sie militärische Ziele und Zivilpersonen oder zivile Objekte ohne Unterscheidung treffen können".

Ziff. 5, Buchst. a und b: Unter anderem sind folgende Angriffsarten als unterschiedslos zu betrachten: „ein Bombenangriff ..., bei dem eine Anzahl deutlich getrennter und zu unterscheidender militärischer Ziele, die sich in einer Stadt...,befinden, als ein einziges militärisches Ziel behandelt werden und ein Angriff , von dem erwartet werden kann, dass er auch Verluste unter der Zivilbevölkerung und Verwundungen von Zivilpersonen, ... "

Schlussfolgerung: Diese Kriegsverbrechen müssen geahndet werden.

64. Ägypten, Ex-General Sisi, der richtige Führer

Der „Arabische Frühling" ist a priori eine Chimäre und ein gewaltiger Trugschluss gewesen. Die meisten Europäer wissen nicht, wie der Orient tickt, auf alle Fälle niemals demokratisch, sondern stets autoritär: Gottgleiche Pharaonen, Sultane, Militärdiktatoren. Es sei daran erinnert, dass in der Tat durch freie Wahlen ausgerechnet die fanatischen Moslem-Brüder an die Macht kamen, die sofort mit der Zwangsislamisierung der gesamten Gesellschaft begonnen haben. Das Militär und speziell General Sisi hat das Land im wahrsten Sinne des Wortes vor dem Chaos gerettet.

Realistisch betrachtet, die Armee ist die einzig funktionierende Kraft in den islamisch geprägten Ländern. Ferner besitzen die Bewohner dieser Länder kein Demokratie- und kein Staatsbewusstsein. Schlussfolgerung: Nur die Armee ist imstande, eine gewisse Stabilität zu garantieren. Ohne sie bricht sofort das Chaos aus (bellum omnium contra omnes!: Kampf aller gegen alle). Beispiele hierfür: Libyen, Irak, Syrien, Jemen.

Jede ägyptische Führung wird ferner mit der beängstigenden Realität einer unvorstellbaren Bevölkerungsexplosion konfrontiert: Zur Zeit Nassers, d.h. Anfang der 50er Jahre hatte Ägypten 21 Mill. Einwohner, 1980 waren es 43 Mill., 2010 81 Mill. und für 2019 rechnet man mit 100 Millionen. Wie soll man denn diese Bevölkerung ohne Stabilität und ohne parallele Weiterentwicklung der Produktivkräfte ernähren?

Es kann also geschlussfolgert werden, dass Ex-General Sisi der ideale Mann als Führer Ägyptens ist. Alles andere ist eine große und gefährliche Chimäre.

65. Venezuela unter Beachtung lateinamerikanischer Befindlichkeiten

Um die Situation in Venezuela (Kleines Venedig) besser verstehen zu können, bedarf es unbedingt der Beleuchtung des historischen, ethnologischen, ökonomischen, sozialen und politischen Rahmens, der in ganz Lateinamerika etliche Gemeinsamkeiten ausdrückt:

Dem Wesen nach wird erneut bestätigt, dass die lateinamerikanischen Länder den Stand der entwickelten Demokratie noch nicht erreicht haben. Nach ihrer nationalen Befreiung haben sie lediglich die Verfassungen und die Gesetzgebung der europäischen Staaten übernommen, aber hierfür fehlte das entsprechende sozialökonomische Fundament. Einige unter ihnen könnten sogar als Karikaturen der Demokratie betrachtet werden.

1. Diese gewaltigen Gebiete wurden von den spanischen Conquistadores mit grösster Brutalität erobert und regelrecht Jahrhunderte lang ausgebeutet.

2. Die Frauen der Indigenas (Ureinwohner) wurden massenweise vergewaltigt (noch heute gilt die Vergewaltigung als Kavaliersdelikt) wodurch eine Mischbevölkerung entstanden ist. Hinzu kamen die afrikanischen Sklaven, die sich ebenfalls mit den Indigenas, den Weißen und den Mestizos vermischt haben. Somit können wir in den meisten lateinamerikanischen Ländern neben den Vertretern von Indigenas, von Weißen und von Afrikanern, die Mestizos (Mischung von Einheimischen und Weißen), die Mulatos (Mischung von Weißen und Afrikanern) sowie verschiedenen Mischungen, zwischen den unterschiedlichen Bevölkerungsgruppen was sich in den vergangenen Jahrhunderten sukzessive vollzogen hat.

3. In der inoffiziellen, aber reell vorhandenen sozialen Pyramide stehen die Weißen ganz oben, ihnen folgen die Mulatten, danach folgen de Mestizos und an letzter Stelle befinden sich die Nachkommen der Ureinwohner. Nur in Mexiko rangieren die Mestizos vor den Afrikanern. Aus dieser sozialen Pyramide lässt sich die Schlussfolgerung ableiten, dass die Gesellschaft ethnologisch betrachtet, gespalten ist.

Es existiert noch eine Spaltung, die noch größer und verheerender ist: Zwischen der Mehrheit der armen Menschen vor allem der campesinos (Bauern) auf der einen Seite und der Oligarchie, bestehend vorwiegend aus Latifundistas (Großgrundbesitzer) Großhändlern, höheren Beamten und Offizieren und in den entwickelten Ländern kommen hinzu Industrielle auf der anderen Seite Die Mittelschicht ist relativ schwach, oder gar nicht existent. Sie versucht dennoch, zu der Oligarchie vorzustoßen.

4. Die lateinamerikanischen Gebiete wurden nicht gerade von den entwickelsten europäischen Staaten kolonisiert (Spanien und Portugal), die immer noch mit großen ökonomischen und sozialen Problemen konfrontiert werden. En passant sei erwähnt, dass in beiden Ländern jahrzehntelang Diktaturen herrschten. Im Unterschied dazu, wurde Nordamerika mitunter von europäischen Eliten kolonisiert, woraus die heutige Supermacht USA hervorgegangen ist.

5. Den Ureinwohnern wurde die katholische Variante des Christentums gewaltsam aufgezwungen, aber im Katholizismus sind solche ethischen Kernsätze wie Arbeitsliebe und Leistungsprinzip nicht

gerade verbreitet. Gerade diese ethischen und religiösen Grundsätze sind die solide allgemeine Basis für die rasante Entwicklung der USA, die wie ein Magnet für die Lateinamerikaner wirken.

6. Die Lateinamerikanischen Völker haben keine Renaissance und keine Aufklärung erlebt (Individuum, freies, logisches und vor allem kritisches Denken, Befreiung von religiösem Aberglauben) und vor allem keine bürgerliche Revolution mit ihren welthistorischen Errungenschaften wie z. B der citoyen, die Demokratie, der moderne Staat, die Freiheiten der Bürger und die grundlegenden Menschenrechte, der Rechtsstaat, das Staatsbewusstsein und das Rechtsbewusstsein der Bürger.

Die Lateinamerikaner haben sich in einem reinen nationalen Unabhängigkeitskampf von der spanischen Kolonialherrschaft befreit unter der Führung des Venezolaners Simon Bolivar (beachte den vollständigen Namen: Simón José Antonio de la Santísima Trinidad Bolívar y Ponte Palacios y Blanco) genannt in ganz Lateinamerika „El Libertador" ("Der Befreier"), war übrigens ein Latifundista und ideologisch zwar Anhänger der Französischen Revolution , aber seine Vorliebe galt in erster Linie dem Freimaurertum, d h. abstrakte Gerechtigkeit, keine konkrete soziale Gerechtigkeit. Die vor etwa zwei hundert Jahren entstandenen unabhängigen Staaten haben fleißig die französische Verfassung und die Gesetze kopiert, jedoch dafür gab es nicht im geringsten die politischen, sozialen und vor allem ökonomischen Voraussetzungen. Kurzum: Der Überbau entsprach nicht im Geringsten der Basis. Das Unvorstellbare besteht darin, dass diese Länder zwar die umfangreichsten Verfassungen der Welt haben, aber diese werden nicht durchgesetzt.

7. Es ist also kein Zufall, dass die meisten Lateinamerikanischen Länder keine richtig funktionierende Staaten und Gerichte und insgesamt keine entwickelte Demokratie besitzen. Sie werden von Diktatoren oder von autoritären Regimes beherrscht. Dabei liegt die Korruption in der DNA dieser Staatsgebilde.

8. Unter den oben erwähnten Bedingungen in ihrer Komplexität ist ein eigenartiges Grundverhaltensmuster (Mentalität) entstanden, welches die folgenden Charakteristika aufweist:

a) Emotio vor Ratio, bekannt international auch als surrealismo latinoamericano, d. h. starke Verwechslung der Wunschträume mit der Realität. Dies kommt zutreffend in dem Musical „Evita" zum Ausdruck: „Son ilusiones No son las soluciones": „Sie sind Illusionen, Sie sind nicht die Lösungen". b) Viele Worte und wenige Taten, weil die Worte fast als Selbstzweck betrachtet werden. c) Fehlende Disziplin und Selbstdisziplin, Verwechslung der Freiheit mit der Anarchie. d) Das Leben genießen und zwar nach Möglichkeit mit wenig Arbeit und geringster Anstrengung. Es sei daran erinnert, dass Fidel Castro sich nach nur wenigen Jahren „Sozialismus veranlasst sah, ein Zwangsarbeitsgesetz zu verabschieden. e) Unzureichend entwickelte Eigenschaften wie Organisationstalent, Systematik, Methodik, Dynamik, Zielgerichtetheit, Willensstärke, Geduld und vor allem Ausdauer. f) Fehlen des Gemeinsinns und des Verantwortungsbewusstseins gegenüber der Gesellschaft. Für das eigene Versagen werden andere verantwortlich gemacht. g) Unterentwickeltes Rechtsbewusstsein, aber dafür ein überdurchschnittlich entwickeltes Rechtsgefühl, welches natürlich extrem subjektiv und fast voluntaristisch interpretiert wird. Die Formulierung „no es justo" („das ist nicht gerecht") erlebt stets Hochkonjunktur.

Wenn aber Lateinamerikaner in Ländern mit protestantischer Tradition studieren, passen sich dort an und vermögen, ausgezeichnete Leistungen zu erbringen. Wir haben diesbezüglich große Erfahrungen gemacht.

Diese Mentalität ist möglicherweise der Hauptgrund dafür, dass die Lateinamerikaner jahrzehntelang eine leichte Beute für die pragmatischen und dynamischen Nordamerikaner waren und vielleicht noch sind.

9. Die USA betrachteten bis zum Präsidenten Clinton die Länder Lateinamerikas als Hinterhof und Einflusssphäre (z.B. Monroe-Doktrin). Der amerikanische Geheimdienst organisierte Putsche („Revolutionen"), gegen unliebsame Regierungen und sogar während innerer Auseinandersetzungen wurde die amerikanische Regierung von den „Aufständischen" um Hilfe gebeten und dann setzte sie die Ledernacken in Marsch. Jetzt im Falle Venezuelas hat sich die amerikanische Regierung zunächst damit begnügt, den selbsternannten „Präsidenten" sofort anzuerkennen.

10. Sollte der autoritäre Linksnationalist Maduro gestürzt werden, so wird danach nicht unbedingt die Demokratie triumphieren, sondern die Oligarchie wird, wie schon gehabt, die Macht übernehmen und sich ausschließlich um ihr Reichtum kümmern und natürlich die campesinos und die Arbeiter vernachlässigen. Danach werden sie massiv und extrem gewaltsam protestieren, und ein neuer Messias und Gerechtigkeits - Linkspopulist wird sich an die Spitze der Bewegung setzen und an die Macht kommen. All dies hat sich in Lateinamerika (z.B. in Argentinien, in Chile in Bolivien etc.) ziemlich oft wiederholt.

Unabhängig von der ideologischen und politischen Ausrichtung, alle Politiker Lateinamerikas versprechen das Blaue vom Himmel, aber letzten Endes versagen sie. Das einzige, was übrig bleibt, ist eben der wohlbekannte „surrealismo latinoamericano".

66. Venezuela, Anspruch und Realität oder der Irrweg des Chavismo – Madurismo

Zuerst sei klargestellt, dass der Chavismo (von Chaves) sich um die armen, jahrzehntelang von der Oligarchie vernachlässigten armen Bevölkerungsschichten, um die campesinos (Bauern) und die Arbeiter gekümmert hat. Es ist also kein Zufall, das heute der Madurismo in Fortsetzung des Chavismo, sich in sozialer Hinsicht in erster Linie gerade auf diese Schichten stützt. Das System hat sich jedoch auf das Erdöl konzentriert, von dem etwa 90% der Gesamteinnahmen stammen, ohne in der Wirtschaft und in der Gründung von Fabriken zu investieren, wodurch Arbeitsplätze hätten geschaffen werden können. So verfügte der Staat relativ viele Finanzen, die teilweise für die Begleichung von Schulden anderer Lateinamerikanischer Staaten verwendet wurden, jedoch das Volk lebte nicht viel besser als vor der Ergreifung den Macht durch den Linksnationalisten Chaves.

Die Wirtschaft wurde allmählich ruiniert. Vor dem Chavismo gab es in Venezuela fast 30 tausend Fabriken, aber heute existieren gerade noch 8 tausend. Die meisten Fabrikbesitzer haben aus Verzweiflung das Land verlassen. Die Erdöleinnahmen wurden für die Einfuhr von Industriegütern und Lebensmitteln verwendet, wobei 50% davon aus den USA stammen.

Parallel dazu Venezuela exportiert 80% des Roherdöls in die USA, wo das in Texas in speziellen Einrichtungen gereinigt wird, die zwar Venezuela gehören, das allerdings dafür sehr hohe Steuern zahlt Dabei sind die Fachleute ausnahmslos Nordamerikaner, während all dies vor Chaves in Venezuela erfolgte. Aber die Regierung hat es fertig gebracht, dass die eigenen Fachleute sukzessive nach Nordamerika ausgewandert sind. Inzwischen speziell unter Maduro hat sich die Wirtschaftslage dramatisch verschlechtert, so dass Venezolaner massenweise das Land verlassen, um dem Elend und dem Hunger zu entgehen. Es ist also eine in sozialer Hinsicht eine explosive Situation entstanden.

Auf politischem Gebiet hat bereits Chaves die meisten Freiheiten der Bürger und die Menschenrechte eliminiert. Das von ihm geschaffene politische System ist nicht nur autoritär, sondern weist bereits unter Maduro wesentliche Elemente einer Diktatur auf. Die Trennung der Gewalten im Staate ist de facto aufgehoben dadurch, dass der Justizapparat nur aus Anhängern des Systems besteht. Bei der Armee als entscheidende Machtbasis sind alle höheren Offiziere persönliche Freunde des Chaves aus seiner Armeezeit gewesen.

In internationaler Hinsicht, ist Venezuela isoliert. Nur Kuba und Nikaragua unterhalten mit diesem Staat gute Beziehungen, aber in Verbindung mit der bedrohlichen Entwicklung in Venezuela und angesichts einer möglichen Militärintervention der USA, haben sich die wichtigsten autoritär regierten Staaten wie Russland, China, Türkei und Kuba als Unterstützer gemeldet.

Schlussfolgerungen: a) Die sozialistischen oder pseudososialistischen Experimente sind auch in Lateinamerika misslungen. b) Die Linken, egal welchen Couleurs, sind total unfähig, eine Wirtschaft aufzubauen. Immer, wenn sie die Macht übernehmen, bricht die Wirtschaft zusammen. c) Unabhängig von dem politisch-ökonomischen System, packen es die Lateinamerikaner leider nicht.

67. Fall Venezuela. Deutsche Außenpolitik im Spannungsfeld von Völkerrecht und Realpolitik

1 Selbstverständlich richtet sich jeder Staat als player in den internationalen zwischenstaatlichen Beziehungen nach seinen Interessen. Die Interessendurchsetzung gehört zu der sogenannten Realpolitik.

2. Jeder Staat tritt jedoch in den internationalen zwischenstaatlichen Beziehungen auch als Völkerrechtssubjekt (Träger von völkerrechtlichen Rechten und Pflichten) auf. In concreto hat er die grundlegenden Prinzipien und Normen des Völkerrechts zu respektieren. Allerdings die USA setzen sich über das völkerrechtliche Regelwerk hinweg und zerstören die internationale Rechtsordnung.

3. Jeder Staat besitzt eigene Souveränität, die in den internationalen zwischenstaatlichen Beziehungen in der konkreten Ausgestaltung dieser Beziehungen als Unabhängigkeit erscheint. Mögliche Verpflichtungen aus den Verträgen sind gemäß dem Völkerrecht zu erfüllen.

4. Im Falle Venezuelas hat die deutsche Außenpolitik auf zwei Ebenen versagt: a) Aus Sicht der Diplomatie hat das Bundesaußenministerium ohne sorgfältige Überlegung und fast tollpatschig und unbeholfen den selbsternannten „Übergangspräsidenten" Venezuelas „anerkannt". Man fragt sich, ob diese unvernünftige Eile so erforderlich war.

b) Was sich gegenwärtig in Venezuela abspielt, gehört nach Völkerrecht zu den inneren Angelegenheiten dieses Landes. Es ist eine allgemeine Erkenntnis des Völkerrechts, dass nur bei massiver und systematischer Verletzung der Menschenrechte sich die UNO mit dem Fall befassen kann. Eine „humanitäre Intervention" ist hingegen völkerrechtswidrig. Daher ist die Aufforderung des selbsternannten „Übergangspräsidenten" an die Staaten, gemeint sind in erster Linie die USA, sogar militärisch zu intervenieren, eine Ungeheuerlichkeit. Letzten Endes wird die Armee über die Lösung des entstanden Problems entscheiden. Alles andere ist illusorisch und sehr gefährlich. Insgesamt sind völkerrechtsnihilistische Auffassungen fehl am Platze.

Ich möchte klarstellen, kein Unterstützer des Maduro - Regimes zu sein. Ein Militärputsch gegen Maduro wäre begrüßenswert, denn er würde u.a. den drohenden Bürgerkrieg vereiteln.

68. Venezuela und das Einmischungsverbot, Eine völkerrechtliche Betrachtung

Hauptprämisse: Venezuela ist ein unabhängiger Staat. Die Ausgestaltung der politischen und ökonomischen Ordnung sowie mögliche interne Auseinandersetzungen gehören zu seinen inneren Angelegenheiten, d. h., dass andere Staaten sich nicht einmischen dürfen.

Das Völkerrecht stützt sich in erster Linie auf sieben grundlegende Prinzipien, die in ihrer Bedeutung, Zielstellung und Komplexität fast als „Verfassungsgrundsätze" der internationalen Rechtsordnung betrachtet werden. Zu ihnen gehört auch das im Artikel 2, Ziffer 7 der UNO-Charta verankerte Prinzip des Verbotes der Einmischung in die inneren Angelegenheiten anderer Staaten. Dieses Prinzip ist in einem anderen UNO-Dokument, welches als zweitwichtigstes gilt, in der UNO-Prinzipien-Deklaration (Kurztitel) von 1970 authentisch, das heißt verbindlich wie folgt interpretiert worden:

„Kein Staat und keine Staatengruppe hat das Recht, unmittelbar oder mittelbar, gleichviel aus welchem Grund, in die inneren oder äußeren Angelegenheiten eines anderen Staates einzugreifen. Folglich sind die bewaffnete Intervention und alle anderen Formen der Einmischung oder Drohversuche gegen die Rechtspersönlichkeit eines Staates oder gegen seine politischen, wirtschaftlichen und kulturellen Teilelemente völkerrechtswidrig.

Ein Staat darf keine wirtschaftlichen, politischen oder sonstigen Maßnahmen gegen einen anderen Staat anwenden oder ihre Anwendung begünstigen, um von ihm die Unterordnung bei der Ausübung seiner souveränen Rechte zu erlangen oder von ihm Vorteile irgendwelcher Art zu erwirken. Auch darf ein Staat keine auf den gewaltsamen Umsturz des Regimes eines anderen Staates gerichteten subversiven, terroristischen oder bewaffneten Aktivitäten organisieren, unterstützen, schüren, finanzieren, anstiften oder dulden und nicht in interne Konflikte in einem anderen Staat eingreifen.

Die Anwendung von Gewalt mit dem Ziel, Völker ihrer nationalen Identität zu berauben, stellt eine Verletzung ihrer unveräußerlichen Rechte und des Grundsatzes der Nichtintervention dar.

Jeder Staat hat das unveräußerliche Recht, sein politisches, wirtschaftliches, soziales und kulturelles System ohne Einmischung irgendwelcher Art durch einen anderen Staat zu wählen. „

Diese Bestimmung ist eindeutig und lässt keine Fehlinterpretationen zu.

Im Falle Venezuelas stellen folgende Handlungen eine Verletzung des Einmischungsverbotes dar: offizielle Unterstützung bis hin zur Anerkennung der Opposition, durch mehrere Staaten, Druckausübung seitens vor allem der USA auf die Regierung, die in den internationalen Beziehungen den Staat Venezuela als Völkerrechtssubjekt vertritt, Einleitung von Maßnahmen ökonomischen Charakters gegen die Regierung.

Sollte es zu bürgerkriegsähnlichen Zuständen kommen, so ist es nach Völkerrecht strengstens verboten, andere Staaten (z.B. Russland, China, Kuba etc.) um militärische Unterstützung zu bitten. Sollte es jedoch zu einer militärischen Intervention seitens anderer Staaten, z.B. seitens der USA kommen, dann wäre ein Ersuchen der Regierung Venezuelas an befreundete Staaten (z.B. Russlands) um militärische Unterstützung gemäß Artikel 51 der UNO-Charta (individuelles und kollektives Selbstverteidigungsrecht im Falle eines Angriffs) völkerrechtsgemäß.

Das völkerrechtliche Einmischungsverbot ist jedoch nicht absolut, weil unter Umständen Situationen entstehen können die nicht unbedingt zu den inneren, sondern zu den internationalen Angelegenheiten der Staaten gehören. Dabei geht es um systematische und schwerwiegende Verletzungen der grundlegenden Freiheiten und Menschenrechte oder im schlimmsten Fall um Genozid (Völkermord), wodurch der Weltfrieden und die internationale Sicherheit gefährdet werden können. Dann ist es grundsätzlich möglich, auch unter Verwendung von Gewaltmaßnahmen gegen einen Staat vorzugehen. Hierüber entscheidet allerdings der UNO-Sicherheitsrat als höchstes Organ der UNO auf der Basis des Einstimmigkeitsprinzips. Sollte jedoch eine Organisation ohne diese conditio sine qua non militärische Maßnahmen einleiten, dann wäre dies nicht als „humanitäre Intervention", sondern als eine völkerrechtswidrige Handlung einzuschätzen.

69. Heuchelei der USA und Einmischung

Die USA unterschätzen die Gedächtniskraft der normal denkenden Menschen. Wie war es doch im Falle des Irak? Angeblich hätte der Irak biologische oder sogar Atomwaffen (die amerikanischen Geheimdienste haben gelogen und zugleich ist ihre Unfähigkeit evident geworden). Angeblich hätte Saddam Hussein die Taliban und die Al Kaida, die seine Feinde waren, unterstützt. Auch in diesem Falle hat die USA-Regierung gewaltig gelogen. Angeblich wollten die USA den Irakern die Demokratie beibringen etc. In Wahrheit ging es einzig und allein um die Herrschaft über das irakische Erdöl. Bush jr. und sein Vize Cheney haben bekanntlich zeitig Verträge über den Ankauf von Rechten an diesem Erdöl geschlossen Letzten Endes haben die USA dummerweise und verantwortungslos durch den Sturz des irakischen Diktators das militärische Gleichgewicht in dieser empfindlichen Region zerstört und außerdem objektiv zur Stärkung der antiwestlichen Kräfte, insbesondere zur Gründung des „Islamischen Staates" beigetragen. En passant ist es zu gewaltigen Flüchtlingsströmen im Orient mit verheerenden Folgen für die europäischen Staaten gekommen. Wenn die heuchlerische Regierung der USA sich angeblich für die Menschenrechte und Freiheiten der Menschen in diktatorischen Regimes interessieren, dann hätten sie dafür zuerst in Saudi-Arabien was unternehmen können.

Die Lösung des gegenwärtigen Problems in Venezuela stellt eine innere Angelegenheit der Venezolaner dar

Der US – Außenminister Pompeo sagt in einem Interview auf „Fox" , dass sich die Hisbollah in Venezuela festgesetzt hat. Er redet über eine „unmittelbare terroristische Bedrohung der USA" ‚etc., etc. Und die Interviewerin / Moderatorin Trish Regan beschreibt phantasievoll die schlimmsten „Bedrohungsszenarien“:

Ich glaube nicht, dass irgendein verantwortlicher Politiker den Aussagen amerikanischer Politiker Glauben schenkt. Es sei daran erinnert, dass der damalige USA-Außenminister Colin Powell expressis verbis zugegeben hat, immerhin im Sicherheitsrat der UNO gelogen zu haben, wofür er sich sehr schämt. Das war ein Hammer. Was zum Teufel haben die Hisbollah in Venezuela zu suchen? Diese „Bedrohungsszenarien" sind, wie es scheint, für den ziemlich großen rückständigen Teil der amerikanischen Bevölkerung vorgesehen, der Trump gewählt hat und immer noch daran glaubt, dass die Erde eine Scheibe ist.

Die gesamte US-Außenpolitik ist interessenegoistisch ausgerichtet. Die amerikanischen political sciences und insbesondere die Theorie of international relations haben rein apologetischen Charakter und haben mit Wissenschat nicht viel zu tun. Sie haben ganze Pseudotheorien erarbeitet, um die amerikanischen „nationalen Sicherheitsinteressen" in der ganzen Welt zu verteidigen.

70. Kulturkreise und Herrschaftssysteme: Russland, Türkei

Ich beginne mit einer Frage: Ist die Demokratie universell? M. E. kommt es auf das methodologische Herangehen an die Probleme der Demokratie, der autoritären Herrschaftsausübung, der Diktatur und den Totalitarismus an. Selbstverständlich können hier nicht alle aufgeworfenen Fragen ausführlich erörtert werden.

Prämisse muss auf Fälle sein die Existenz von unterschiedlichen und teilweise entgegen gesetzten Kulturkreisen, wozu der westliche, der konfuzianische, der hinduistische und der islamische Kulturkreis gehören. Jeder Kulturkreis hat sein Gesellschafts- und Menschenbild sowie seine Art der Herrschaftsausübung, fußend auf die Geschichte und die Tradition.

Die Demokratie und der Parlamentarismus und die mit ihnen verbundenen Freiheiten und grundlegenden Menschenrechte sind Produkt des westlichen Kulturkreises, wobei es kein einheitliches Muster gibt. Die westlichen Demokratien stützen sich in erster Linie auf die altgriechische Tradition, auf die Europäische Aufklärung und auf die Französische Revolution. Eine besondere Rolle spielt Russland, das weder die Renaissance, noch die Aufklärung, noch die bürgerliche Revolution erlebt hat und infolgedessen keine demokratische Tradition, keinen selbstbewussten citoyen (Staatsbürger) kennt. Daher wäre die Übertragung westlicher Demokratieauffassungen auf Russland fehl am Platze. Die russische Geschichte und Tradition begünstigt eher eine autoritäre Herrschaftsausübung. Deswegen ist Putin heute der ideale Politiker für Russland. Hieraus ergibt sich konsequenterweise die Schlussfolgerung, dass die Übertragung unserer Demokratie auf dieses Land eine Chimäre ist. Natürlich besteht die Gefahr, dass die autoritären Methoden zu einer Diktatur ausarten. Allerdings auch dies wäre für Russland ganz normal.

Was die Türkei betrifft, gilt fast das Gleiche wie bei Russland. In diesem Falle kommen die religiöse Komponente und die Tradition hinzu, die Anlass zu der Auffassung bieten, dass Türkei und Demokratie eine contradictio in adjecto (Widerspruch in sich) darstellen. Es kann sachlich festgestellt werden, dass die Türkei den zu ihr passenden Staatsführer hat. Jedoch muss auch klargestellt werden, dass eine Mitgliedschaft der Türkei in der EU ohne ja und aber für immer ausgeschlossen ist.

Autoritäre Regime gewährleisten im Allgemeinen eine gewisse Stabilität im Innern. Dies gilt uneingeschränkt für die Diktaturen in den arabischen Staaten.

71. Orientalisch-Islamisches Gesellschafts- und Menschenbild (Thesen)

Ohne ernsthafte Kenntnisse von dem islamischen Gesellschafts- und Menschenbild ist es ausgeschlossen, in des punctum quaestionis (Kern der Sache) der zahlreichen kulturellen, politischen und sozialökonomischen Probleme des Orients einzudringen. Ferner werden wir in die Lage versetzt, zu verstehen, warum es sogar mit Muslimen der dritten Generation fast unüberwindbare Integrationsprobleme gibt und warum muslimische Parallelgesellschaften mit unabsehbaren Folgen in Europa entstanden sind.
Bei dem islamischen Gesellschafts- und Menschenbild sind natürlich mitunter große kulturelle Unterschiede zwischen den einzelnen islamischen Völkern und Staaten zu beachten.
Die prägenden Merkmale des islamischen Gesellschafts- und Menschenbildes sind die folgenden:

a) Theozentrismus und teilweise auch Theokratie, die hochaktuell geworden ist. Im Grunde geht es darum, dass im Mittelpunkt des Menschenlebens der Gott steht, während das Menschenbild des Westens anthropozentrisch ausgerichtet ist. Wir registrieren eine beunruhigende Tendenz und zwar Bestrebungen, islamische Gottesstaaten zu gründen. Dieser Prozess begann eigentlich mit der Schaffung der schiitischen Theokratie in dem Iran, jetzt ist der sunnitische Gottesstaat (Kalifat) ausgerufen worden und der nächste Fall wird sich, wie es scheint, in Nordnigeria ereignen. Es gibt offensichtlich einen logischen Zusammenhang zwischen dem seit alters her existierenden orientalischen Theozentrismus und der Theokratie.

b) Während im Islam höchstens der Einzelne in der Masse geortet werden kann, ist der westliche Kulturkreis individualzentrisch geprägt, worauf sich der citoyen stützt. Die Familie im Islam besitzen vor dem Familienmitglied und der Staat vor dem Einzelnen absolute Priorität.

c) Es fehlt der citoyen mit seinen Individualmenschenrechten und Freiheiten. Des Weiteren fehlen in der Realität die Trennung von Staat und religiöser Institution, die Rechtsstaatlichkeit und die Gewaltenteilung.
d) Die autoritären Herrscher und die Diktatoren in den islamischen Staaten sind in gewisser Hinsicht die heutigen Pharaonen, Despoten und Satrapen der Vergangenheit, weil autoritäre und diktatorische Regime der Natur der orientalisch-islamischen Welt vollauf entsprechen , während die Demokratie ihr wesensfremd sind. Noch eklatanter: Islam und Demokratie stellen eine contradictio in adjecto (Widerspruch in sich) dar.

e) Die Gleichberechtigung der Geschlechter ist in der stark patriarchalischen islamischen Gesellschaft eine Chimäre. In den meisten Fällen kann man von einer Unterdrückung der Frau sprechen.

f) Es wird sachlich festgestellt, dass die Kreativität vor allem auf dem wissenschaftlichen Gebiet unterentwickelt ist. Es verwundert daher nicht, dass es kaum echte islamische Nobelpreisträger gibt. Im Allgemeinen herrscht ein spekulatives Denken vor. Die Hauptursache hierfür ist das Schulsystem, das aufs Auswendiglernen und auf Zitate von Autoritäten stützt, und vor allem das kritische Denken fast unbekannt ist. Die tieferen historischen Ursachen liegen in der Ablehnung des Logos und in der absoluten Priorität des Glaubens.

g) Der vortreffliche Philosoph Al Farabi in Bagdad (9. Jh.) z. B. machte sich, gestützt auf Aristoteles Gedanken über das Verhältnis von Logos (Ratio, Vernunft) und Glauben. Am Anfang gab er der Vernunft den Vorrang, bis er von der Obrigkeit gezwungen wurde, die Vernunft über Bord zu werfen und die Priorität des Glaubens anzuerkennen, sonst hätte man ihn schlicht und einfach geköpft.

Den größten Schaden hat jedoch der islamische Theologe und erklärte Feind der griechischen Philosophie Al Ghasali in Kairo (11.Jh.) angerichtet, der als erster im Orient meinte, man brauche nicht das Wissen der heidnischen Griechen (Junani), denn das heilige Buch der Muslime, der Koran, enthalte Antworten auf alle Fragen des Lebens. Danach fing man im Orient damit an, die Schriften der griechischen sowie der aufgeklärten Philosophen des Orients öffentlich zu verbrennen. Damit begann der unaufhaltsame Niedergang der islamischen Hochkultur und zugleich tauchte schon damals der islamische Fundamentalismus auf. Hieraus ergibt sich, dass dieser Niedergang Jahrhunderte lang gedauert hat.
Logische Konsequenz dieser Entwicklung ist das hoffnungslose Zurückbleiben des gesamten islamischen Kulturkreises, der ständig irgendwelche für die gesamte Menschheit gefährlichen Ungeheuer (Al Kaida, Taliban, Dschihadisten etc.) gebärt.
Schlussfolgerung: Eine Modernisierung des Islam im Orient ist so gut wie ausgeschlossen. In Europa hingegen wäre sie teilweise möglich.

Literatur:
- P. Terz, Menschenbild und Recht in den alten Hochkulturen, Eine universalhistorische und komparative Betrachtung, Riga 2019,
ISBN: 978-620-0-27129-7

72. Islam, Probleme, Gefahren

1. Der Islam ist keine Religion wie die anderen, sondern vereinigt den Glauben aufs engste mit der Ideologie, den Staat und das Recht. Somit weist er eine hohe Komplexität auf und kann als ein totalitäres System betrachtet werden, welches kein Individuum, keinen Bürger, keine individuellen Freiheiten und keine grundlegenden Menschenrechte kennt.

2. Der gesamte islamische Kulturkreis hat die Moderne verpasst und belegt, verglichen mit den anderen Kulturkreisen (insbesondere Kulturkreis des Westens und Konfuzianischer Kulturkreis)

bezüglich der ökonomischen, sozialen, politischen, wissenschaftlichen und hochtechnologischen Gebiete den letzten Platz.

3. Durch die Bevölkerungsexplosion in den islamischen Ländern ohne parallele Entwicklung der Produktivkräfte und der Schaffung von ausreichenden Arbeitsplätzen wachsen die ökonomischen und sozialen Probleme derart, dass eine befriedigende Lösung kaum möglich ist. Im Gegenteil, die Zuspitzung dieser Probleme wird immer schärfer.

4. Die herrschenden politischen Systeme in den islamisch geprägten Ländern sind autoritär bis diktatorisch, einige sehr korrupt und alle zusammen völlig unfähig, Staaten erfolgreich zu leiten und soziale Widersprüche zu überwinden.

5.Äussere Faktoren, wie die massive Einmischung in die inneren Angelegenheiten (Syrien) sowie die militärischen Interventionen in Libyen und in den Irak führten zu einer katastrophalen Situation und als deren Folge zur Verstärkung der Rolle radikaler, extremistischer und terroristischer Kräfte (Taliban, Al Kaida, „Islamischer Staat“ etc.), die unter dem Mantel der Religion versuchen, die Macht an sich zu reißen mit dem Ziel ausgerechnet im 21.Jh. islamische Theokratien zu errichten.

6. Es drängt sich die Frage auf, wieso es so einfach ist, eine Religion für ideologische und politische Ziele zu missbrauchen. Liegt es möglicherweise auch an der islamischen Religion? Wir stellen sachlich fest, dass in Verbindung mit den anderen Weltreligionen ähnliche Probleme und Gefahren nicht zu verzeichnen sind.

7. Es ist nicht auszuschließen, dass in der nahen Zukunft ähnliche Terrororganisationen vor allem in den islamischen failed states im Subsaharischen Afrika ins Leben gerufen werden. Die islamische Welt gebärt wahrhaftig ein Ungeheuer nach dem anderen.

73. Welt- und Menschenbild, Unterschiede zwischen dem Kulturkreis des Westens (Westen) und dem Orientalisch Islamischen Kulturkreis (Orient-Islam)

1.Anthropozentrismus bereits in der Antike (Protagoras: «Πάντων χρημάτων μέτρον εστίν άνθρωπος»: „Der Mensch ist das Maß aller Dinge“) im Westen- Theozentrismus (Gott ist das Maß aller Dinge) im Orient-Islam.

2. Demokratie schon in der Antike im Westen- Alleinherrscher, Despoten. autoritäre Regime, Diktatoren seit fast fünf tausend Jahren ohne Unterbrechung im Orient-Islam.

3. Individuum (Individualität) im Westen- Familie und Sippe im Orient-Islam. Das selbstbestimmte Individuum ist weder existent, noch erwünscht.

4. Citoyen (Staatsbürger) im Westen -Masse im Orient-Islam.

5. Rechtsstaat im Westen -vorwiegend Scharia im Orient-Islam. Priorität der Religion vor der weltlichen Verfassung.

6. Individuelle Menschenrechte und Freiheiten im Westen – Unfreiheit, Unterdrückung im Orient-Islam.

7. Vernunft, Logik und kritisches im Westen- Glaube und Spekulation im Orient-Islam. Vom

8. bis zum 11. Jh. sah es allerdings hoffnungsvoll aus.

9. Prinzipiell Gleichberechtigung der Geschlechter im Westen . Patriarchalismus und Phallokratie im Orient-Islam. Der Mann ist alles, die Frau ist nichts. Geringschätzung bis Unterdrückung der Frau. Symbole dieser Misere sind das Kopftuch, der Niqab und die Burka.

10. Im Bildungswesen kritisches Denken im Westen – Auswendig lernen im Orient-Islam.

11. Kreativität im Westen (Erfindungen, Hochtechnologien, Nobelpreisträger) –Geistige und wissenschaftliche Agonie im Orient-Islam.

12. Im Westen explodieren die Produktivkräfte, während der Orient-Islam auf diesem entscheidenden Gebiet hoffnungslos zurückgeblieben ist.

13. Im Orient explodiert die Bevölkerung, für die aber keine Arbeitsplätze geschaffen werden, während im Westen die Bevölkerung stagniert oder abnimmt. Übrigens der türkische Präsident hat sich an die in Europa Lebenden türkischen Frauen appelliert, so viele wie möglich Kinder zu gebären. Was bezweckt er eigentlich damit?

Die Bevölkerungsentwicklung in einigen islamischen Ländern nach UNO-Angaben:

-Ägypten : 1951 : 21 Mill. ; 1980 : 43 Mill. ; 2919 . ca. 99 Mill.
-Algerien : 1951 : 9 Mill. ; 1980 : 20 Mill. ; 2018 : 42 Mill.
-Indonesien : 1960 : 88 Mill.; 1980 : 148 ; 2017 : 264 Mill.
-Marokko : 1951 : 9 Mill.; 1980 : 20 Mill.; 2018 : ca. 36 Mill.
-Nigeria : 1951 : 38 Mill.; 1980 : 73 Mill. ; 2018 : ca. 195 Mill.
-Pakistan : 1951; 38 Mill. ; 1980 : 77 Mill., 2019 : 200 Mill.
-Türkei : 1951 : 22 Mill. ; 1980 : 43 Mill.; 2019 : ca. 84 Mill.
950 : 70 Mill., 2017 : 264 Mill. Pakistan , 1951 : 38 Mill., 2018 : 200 Mill.).

14. Insgesamt, schreitet der Kulturkreis des Westens dynamisch vorwärts und unaufhaltsam, gefolgt vom Konfuzianischen sowie teilweise vom Hinduistischen Kulturkreis, während der Orientalisch-Islamische Kulturkreis nicht nur auf der Stelle tritt, sondern teilweise zurück ins Mittelalter marschiert.

Hieraus ergeben sich für die gesamt Menschheit gewaltige Probleme, ja Gefahren. Es ist an der Zeit, dass die verantwortlichen westlichen Politiker das sehen, bevor es zu spät ist.

74. Pakistan

Kurze Bemerkungen: 1.Pakistan ist zweifelsohne ein failed state (misslungener Staat). 2. In diesem Land herrscht eine besonders rückständige Ausprägung des Islam mit folgenden Merkmalen: a) Theozentrismus, b) absolutes Patriarchat wie vor Jahrtausenden. c) keine richtige Demokratie, sondern die Karikatur des von den Engländern übernommenen Parlamentarismus. d) Unterdrückung der Frau, e) keine Menschenrechte und Grundfreiheiten, f) kein Individuum und kein citoyen, g) Intoleranz vermischt mit primitivem und tödlichem Fanatismus gegenüber anderen Religionen, vor allem gegenüber dem Hinduismus.

In Pakistan ist eine hochexplosive Mischung von archaischem Denken, bösartigem Patriarchat, ökonomischer. politischer und kultureller Rückständigkeit, religiösem Fanatismus, psychologischer Paranoia, mörderischer Intoleranz und orientalischer Irrationalität festzustellen. Ausgerechnet dieser „Staat" verfügt über Atomwaffen.

75. Kopftuch, Burka, Niqab muslimischer Frauen, ein vielschichtiges Problem

1.Bis zu der islamischen „Revolution" im Iran war es in Europa bei den muslimischen Frauen nicht üblich, Kopftuch, Burka und Niqab auf europäischem Boden zu tragen. Somit handelt es sich nicht um ein religiöses Gebot, sondern um ein Zeichen des politischen Islam, der dem Abendland feindlich gesinnt ist.

2. Die Gesellschafts -und Menschenbilder des Westlichen Kulturkreises auf der einen Seite und des Islamischen Kulturkreises auf der anderen Seite sind nicht nur unterschiedlich, sondern darüber hinaus entgegengesetzt. Dies gilt auch für die Stellung der Frau in der Gesellschaft und speziell für die Gleichberechtigung der Geschlechter. All dies stützt sich auf westlich-liberale Werte und Gesetze als Ergebnis der Europäischen Aufklärung, durch die das Mittelalter ein für alle Mal beendet worden ist. Daher natürlich sind die Europäer nicht bereit, ins Mittelalter zurück zu fallen.

3. Das Kopftuch, die Burka und das Niqab sind dem Wesen nach Symbole der Unterdrückung, aber mindestens der sozialen Minderstellung der Frau, ein Ausdruck der Selbstisolierung, der fehlenden Individualität (ohnehin unbekannt in der islamischen Tradition) und stellt in der Endkonsequenz objektiv eine Verletzung der Menschenrechte und zwar konkret der Würde, der Willensautonomie und der Entscheidungsfreiheit der betreffenden Frauen dar. Dass sie in der Mehrheit angeblich das Kopftuch, die Burka und das Niqab freiwillig tragen, ist eine orientalische Chimäre. Es gibt allerdings auch einzelne Fälle des Tragens von Kopftuch, Burka und Niqab als Modeerscheinung.

4. Die individuellen Menschenrechte und Grundfreiheiten sind gemäß den entsprechenden internationalen Menschenrechts -Konventionen nicht absolut. Damit ist gemeint die Gewissens -und Religionsfreiheit, die von vielen Muslimen sehr extensiv in dem Sinne interpretiert wird, dass sogar die Teilnahme der Mädchen am Sportunterricht oder an gemeinsamen Schulausflügen von ihren Eltern nicht erlaubt wird oder das Tragen von Kopftuch, Burka oder Niqab als Freiheits- und Menschenrechts-Verwirklichung betrachtet wird. Sogar Erdogan sprach davon, dass endlich die Türkischen Frauen das Menschenrecht des Tragens des Kopftuches realisiert haben.

5. Nach dem Differenzierungsgrundsatz sollte es zu einem partiellen Verbot des Kopftuchs, der Burka und des Niqab kommen (z.B. in der Schule, bei den Gerichten und in der öffentlichen Verwaltung).

6. Taktik einiger Muslime: Ein Schritt nach dem anderen. Es ist nicht auszuschließen, dass sobald muslimische Frauen in der Mehrheit sind, von den anderen Frauen verlangen werden, ebenfalls Kopftuch zu tragen. Nach Auffassung islamischer Theologen handelt es sich nicht um ein religiöses Symbol. Es geht doch um ein Symbol des gefährlichen Politischen Islam. Ist es so schwer, zu begreifen, dass der Glaube Privatsache ist? Solche Kapriolen verhindern die absolut notwendige Integration in die europäische Gesellschaft und tragen zur Stärkung der ohnehin vorhandenen Parallelgesellschaften.

Warum betonen die muslimischen Frauen ihre Integrationsunwilligkeit? Irgendwann wird ihnen diese Haltung zum Verhängnis werden. Auch die Toleranz hat ihre Grenze (unbekannt in den islamischen Ländern gegenüber Christen). Gilt der Gegenseitigkeitsgrundsatz nicht zwischen den Kulturkreisen?

Ich hatte übrigens als Wissenschaftler viele Studentinnen und Studenten sowie Doktoranden aus islamischen Ländern, die gläubig waren, aber es gab weder Kopftücher, noch diese unwürdigen Burka und Niqab. Insbesondere in Verbindung mit dem Politischen Islam und speziell mit dem verbrecherischen „Islamischen Staat" ist eine exorbitante Explosion der angeblich islamischen Kleidungsmetamorphosen zu verzeichnen.

76. Parallelgesellschaften

Die Mehrheit der Muslime in allen europäischen Ländern lebt in Kulturghettos, genannt auch Parallelgesellschaften, worauf Soziologen, spezialisiert auf demographische Probleme, schon vor 30 Jahren mit Nachdruck hingewiesen haben.

In diesen Parallelgesellschaften wird das mittelalterliche orientalisch-islamische Gesellschafts- und Menschenbild nicht nur konserviert, sondern auch erheblich verstärkt (siehe auch die zunehmenden ethno-religiösen und sozialpsychologischen Probleme von Muslimen der dritten Generation). Die deutsche Rechtshoheit wird teilweise aufgehoben und von fast steinzeitlichen Moral -und Ehre Auffassungen ersetzt. Damals konnten sich die Soziologen nicht vorstellen, dass die Integrationsunwilligkeit und sogar speziell die Deutschfeindlichkeit (Begriff geprägt von liberalen Muslimen) solche fast beängstigende Formen annehmen könnte.

Die Parallelgesellschaften haben sich allmählich dem Wesen nach zum Staat im Staate soweit entwickelt, dass deutsche Polizisten sie sehr ungern betreten. Dort werden zu tausenden illegale Beschneidungen bei kleinen Mädchen durchgeführt. Eine Bestrafung erfolgt meistens nicht, was bedeutet, dass der deutsche Staat kapituliert hat. Dort werden die Jugendlichen insbesondere der dritten Generation zur Verachtung der europäischen Gesetze und zu provokantem Verhalten gegenüber der Polizei erzogen. Die Integration hat nunmehr versagt. Durch den Zuzug weiterer muslimischer „Flüchtlinge" wird die Situation in zunehmendem Maße schlimmer.

77. Frauenbild muslimischer Männer

Das Thema ist mir seit 60 Jahren wohlbekannt, denn ich hatte viele Studenten und später Doktoranden aus zahlreichen islamischen Ländern. Ihr Frauenbild ist schlicht und einfach die konsequente Fortsetzung des traditionellen orientalischen frauenfeindlichen Bildes. Nach Meinung der islamischen Studenten seien alle westlichen Frauen „Schlampen", d.h. Nutten ohne Würde und Selbstachtung, da sie vor der Heirat Geschlechtsverkehr mit mehreren Männern hatten. Sie würden auch halbnackt herumlaufen und die Männer provozieren. Infolgedessen könne jeder Mann sie, wenn nötig, auch mit Gewalt haben. Europäische Mädchen, die muslimische Männer heiraten, müssen wissen, dass nach einer möglichen Trennung sie weiterhin als Eigentum des Mannes betrachtet werden, woraus er das traditionelle „Recht" ableitet, sie zu töten. Immer wieder werden derartige traurige Fälle bekannt.

Schlussfolgerung: Die Wandlung dieses archaischen Frauenbildes ist nicht möglich, und die Integration der islamischen Männer in ihrer Mehrheit ist ausgeschlossen. Es ist m. E. an der Zeit, diese einfache Wahrheit endlich zur Kenntnis zu nehmen, bevor es zu spät ist. Ich möchte klarstellen, kein Anhänger irgendeiner ausländerfeindlichen Bewegung oder Partei zu sein. Ich halte es lieber mit Demokrit: Widerspiegelung der objektiven Realität und nicht von Wunschvorstellungen. Irgendwann muss man mit den gefährlichen Illusionen Schluss machen.

78. Konfuzianisches Menschen – und Gesellschaftsbildbild, Hauptmerkmale

Zunächst eine Binsenwahrheit: Will der Angehörige eines anderen Kulturkreises den Kulturkreis des Westens verstehen, so muss er sich zunächst mit dem westlichen Gesellschafts- und Menschenbild befassen, sonst besteht die Gefahr, aus lauter Bäumen nicht den Wald zu sehen. Gerade dies geschieht in den meisten Artikeln und Kommentaren in der Presse.
Zum besseren Verständnis der chinesischen Innenpolitik ist es unbedingt empfehlenswert, auf das konfuzianische Gesellschafts- und Menschenbild kurz einzugehen, das immerhin seit über 2500 Jahren besteht und heute die weltanschauliche Grundlage des Konfuzianischen Kulturkreises darstellt, zu dem auch andere asiatische Länder wie z.B. Japan, Korea, Vietnam etc. gehören. Speziell in China liegt eine Synthese von konfuzianischer Tradition, Elementen der kommunistischen Ideologie und der Hochtechnologien vor, etwa ähnlich wie früher in Europa zwischen dem Protestantismus und der industriellen Revolution.
Die Hauptmerkmale des Konfuzianismus sind die folgenden:
a) Autoritäres und totalitäres System, früher mit dem Kaiser, heute mit dem Generalsekretär P der Kommunistischen Partei an der Spitze. Die Demokratie gehört definitiv nicht zu der konfuzianischen Tradition.
b) Hierarchien vorwiegend patriarchalisch ausgerichtet: Respekt gegenüber dem Vater und dem älteren Bruder, alle gegenüber dem Fürsten (jetzt Parteisekretär), alle gegenüber dem Kaiser (jetzt Generalsekretär, „roter Kaiser").
c) Absolute Priorität der Familie und der Gesellschaft gegenüber dem Einzelnen. Das Individuum im Sinne des Kulturkreises des Westens existiert nicht. Es ist ferner unerwünscht.
d) Absolute Priorität des Staates gegenüber dem Untertan. Der Citoyen (Bürger) ist nicht vorhanden. Man weiß nicht, was das ist.
e) Infolgedessen gibt es keine Demokratie und speziell keine subjektiven und einklagbaren Menschenrechte. Die Rechte der Untertanen haben objektiven Charakter und werden von dem Staat

gegeben und je nach Belieben wieder rückgängig gemacht. Hierin liegen die meisten innenpolitischen Probleme Chinas.
Jede Berufung auf individuelle Menschenrechte wird als Provokation qualifiziert und mitunter werden die betreffenden Personen als Agenten des Westens diffamiert und bekanntlich hart bestraft. Besonders große Probleme zwischen dem autoritären Staat und den Intellektuellen gehören eigentlich zu der chinesischen Tradition. Vor etwa 2300 Jahren sind z.B. unter dem berüchtigten Innenminister Han Fei 600 Philosophen lebendig begraben worden, weil sie angeblich „Unruhe unter dem Himmel stifteten"!
f) Hohe Arbeitsethik (in Europa protestantische), Leistungsprinzip (in Europa kalvinistisches) und Konkurrenzdenken sind feste Bestandteile des Konfuzianischen Gesellschafts- und Menschenbildes.
g) Es kann leicht konstatiert werden, dass heute in Hong Kong ein starker Zusammenstoß des westlichen mit dem konfuzianischen Gesellschafts- und Menschenbild stattfindet.

In China herrschte ein ausgesprochener Cinozentrismus und zwar in dem Sinne, dass China der Mittelpunkt der Welt sei. Als der Gesandte der englische Krone Ende des 18. Jh. in Peking weilte und vom chinesischen Kaiser empfangen wurde und ihm Geschenke im Namen des englischen Königs überreichen wollte, brachte der chinesische Kaiser seine Genugtuung zum Ausdruck für die Vasallengeschenke (!). Als jedoch der englische Gesandte vorschlug, Handelsbeziehungen aufzunehmen und dem Kaiser einige englische mechanische Erfindungen zeigte, sagte der Kaiser sinngemäß, wir haben alles , deswegen brauchen wir ihre lächerlichen Sachen nicht. Das war die Zeit, als die Chinesen offiziell von den westlichen Barbaren sprachen.

Literatur:
-P. Terz, Menschenbild und Recht in den alten Hochkulturen, Eine universalhistorische und komparative Betrachtung, Riga 2019,
ISBN : 978-620-0-27129-7

79. Chinesische Revolutionäre Traditionen

Prämisse: China besitzt eine einmalige historische Kontinuität (vier tausend Jahre) wie kein anderer Staat in der Welt. Es ist also kein Zufall, dass die Chinesen über ein hochentwickeltes Geschichtsbewusstsein verfügen. Unter anderem die chinesischen Philosophen haben das Ge-ming, das besondere Widerstandsrecht (wie in Europa das jus resistendi) ausgearbeitet, das auch in die Tat umgesetzt. Wurde. Im „Buch der Geschichte „(Shudshing, 84 v. Chr.) warnt z.B. das Volk den Kaiser, dass der „Himmel liebt das Volk", deswegen muss er das tun, was der „Himmel" wünscht, andernfalls wird der Kaiser bestraft. Etwas später, der Philosoph Möng-Ds schuf eine Theorie der „Wegnahme" des Mandats des „Himmels" vom Kaiser, wenn er das Volk unterdrückt. Hierbei handelt es sich um einen „Gesellschaftsvertrag" a la sinica, also um einen Herrschaftsvertrag.

So fanden zwei Mal (84 und 184 n Chr.) soziale Revolutionen statt. Im ersten Fall die Revolutionären haben ihren Aufstand damit begründet, dass der Kaiser das „Mandat des Himmels" schwerwiegend verletzt hat. Im zweiten Fall ist die Han – Dynastie endgültig beseitigt worden.

In der neueren Geschichte hat sich das Volk ohne solche Begründungen unter der Führung Mao Zedongs erhoben und nach langem erfolgreichem Kampf die Grundlagen für die heutige Größe Chinas geschaffen.

China entwickelt sich sukzessive zu einer Supermacht, es werden fast die meisten Milliardäre der Welt registriert, aber das Volk und insbesondere die Bauern leben immer noch in ärmlichen Verhältnissen allerdings, es gibt keine Hungersnöte mehr. Parallel dazu wächst eine Mittelklasse, die sich mit dem relativ guten Lebensstandard nicht mehr abfindet und langsam aber sicher nach politischen Freiheiten und Rechten strebt. Die Reaktion des autoritären Regimes darauf ist bekanntlich sehr hart. Er erblickt darin, ernsthafte Gefahren.

Die chinesische Führung hat vor einigen Jahren unterstrichen, dass man sich um die Lage der Bevölkerung und insbesondere der Bauern kümmern muss, weil soziale Probleme entstehen könnten. Ich bin davon überzeugt, dass in der Zukunft der Reformdruck von der Mittelschicht und von der Bauernschaft ausgeübt wird. Man kann sogar in der Perspektive soziale Kämpfe nicht ausschließen.

80. Konfuzianismus-Westen, Unterschiedliche politische Systeme sowie Gesellschafts- und Menschenbilder im Vergleich

1. Anthropozentrismus bereits in der Antike (Πρωταγόρας: «Πάντων χρημάτων μέτρον εστίν άνθρωπος», Protagoras: „Der Mensch ist das Maß aller Dinge",). Allein das Wort Anthropos (Ανθρωπος) heißt: in wörtlicher Übersetzung „nach oben schauen" und allgemein bedeutet u.a.: aufrecht gehen, niemandem Untertan sein, Druck von oben und Tyrannei nicht dulden.

In der konfuzianischen Tradition ist der Mensch hingegen nur Untertan, hat zu gehorchen, es herrscht also ein Kaiserzentrismus bzw. Staatszentrismus.

2. Die Demokratie gab es schon in der griechischen Antike. Hinzu ist der von den Engländern erfundene Parlamentarismus gekommen. Die konfuzianische Tradition, egal welcher Färbung, kannte in der Vergangenheit nur den Alleinherrscher und kennt in der Gegenwart das autoritäre Regime mitunter mit totalitaristischen Tendenzen.

3. Das Individuum (Individualität) mit seiner Willensautonomie und Entscheidungsfreiheit ist die Grundlage der westlichen Gesellschaft. Im Unterschied dazu stehen in der konfuzianischen Tradition im Mittelpunkt die Familie und die Gesellschaft. Es gibt schon den Einzelnen, jedoch nicht in der Gestalt des Individuums, das als Produkt des Westens strikt abgelehnt wird. Noch schlimmer, jedwede Berufung auf die Individualität wird als Provokation betrachtet, als westlich diffamiert und entsprechend verfolgt.

4. Der Citoyen (Staatsbürger) mit seinen subjektiven Menschenechten und Pflichten in ihrem dialektischen Zusammenhang und seinem Selbstbewusstsein stellt in der westlichen Kultur die Grundlage der Staatlichkeit dar. In der konfuzianischen Tradition hingegen ist der Staatsbürger ein Buch mit sieben Siegeln. Der Mensch als Untertan hat in erster Linie objektive Rechte, d.h. diese Rechte werden von der Obrigkeit dem Untertan „geschenkt" und nach Bedarf wieder zurück genommen.

5. Gleiches gilt auch für die in den internationalen Konventionen universellen Charakters verankerten Grundfreiheiten. Auch auf diesem entscheidenden Gebiet kann China über seinen konfuzianischen Schatten nicht springen. Die Berufung auf die Freiheiten gilt als Dreistigkeit und Unverfrorenheit und wird hart bestraft. Menschen, die sich auf die Grundfreiheiten stützen, werden häufig als „Agenten des Westens“ (Standard-Formulierung) diffamiert.

6. Der Rechtsstaat und die Gewaltenteilung sind integraler Bestandteile der westlichen Demokratie. Im Unterschied dazu sind beide in der konfuzianischen Tradition unbekannt. Es herrscht schlicht und einfach die Kommunistische Partei(also nicht Herrschaft des Rechts, sondern der Partei). Die Gewaltenteilung steht nur auf dem Papier.

Dennoch ist der chinesische Führer auf dieses politische System stolz und hebt seine hypothetische Überlegenheit gegenüber jenem des Westens expressis verbis hervor. Ich vermag nicht zu sagen, was dies in den nächsten Jahrzehnten bedeuten wird.

7. Im Bildungswesen kritisch-kreatives Denken im Westen – Auswendiglernen, das kritische Denken ist unerwünscht in China.

8. Kreativität im Westen (Erfindungen, Hochtechnologien, Nobelpreisträger) – Vorwiegend Kopieren westlicher Technologien in China, nur teilweise eigene Erfindungen. Auf diesem Gebiet ist China dennoch entwicklungsfähig.

81. China als wichtiger Player in den internationalen Beziehungen

Zu der internationalen Rolle Chinas hat der chinesische Politologe Yu Xintian (Xintian, Yu (2008), The change of the world in the early twenty-century and China´s strategy of peacful rise, in: Chandra, Chari Ed., War peace and hegemony in a globalized world, The changing balance of power in the twenty-first century, New York, 2010, pp. 137/138, 143, 145/146) ein hochinteressantes und generell beruhigendes Konzept entworfen, das in den Grundzügen zu überzeugen vermag. Danach wird sich China auf die ökonomische Entwicklung und die Modernisierung des gesamten Landes auf allen Ebenen konzentrieren. Das Ziel ist dabei, ein „scientific concept of development“, d. h. aus China ein prosperierendes und kulturvolles Land zu machen. In der Außenpolitik soll Sicherheit durch Kooperation gestützt werden. China wird seine Teilnahme am internationalen Dialog und an den internationalen Kooperationsmechanismen intensiviert. Gleiches gilt auch für das große Feld der internationalen Diplomatie. Die Weltmacht China wird mehr für die „soft power“ in den internationalen Beziehungen eintreten.

Die Basis dieser auf Frieden, Harmonie und Kooperation ausgerichteten Außenpolitik liegt, schreibt er, in der chinesischen Tradition, denn es handelt sich um Werte dieser Kultur. Es wird seiner Meinung nach zu grundlegenden Veränderungen in den internationalen Beziehungen kommen wie z. B. zu den folgenden: a) Friede und Entwicklung als die Hauptströmung in der Welt; b) nicht Feindschaft, sondern „cooperation and competition“ werden in den internationalen Beziehungen vorherrschen; c) die Rolle der kleinen und mittleren Staaten wird wachsen. So werden sie einen eigenen Beitrag zur Stabilität der internationalen Ordnung leisten.

Yu Xintian bezeichnet diesen Zustand nicht als „balance of power“, sondern vielmehr als „balanced policy“. Ferner geht er davon aus, dass die USA die letzte Supermacht sind, die in der Welt noch dominieren kann.

Die bisherige 4000jährige Geschichte – defensive Theorie und Praxis – gibt m. E. Anlass zu der Annahme, dass China keine Ambitionen hat, irgendeine Hegemonialposition einzunehmen oder etwa als ein „Imperium Cinicum“ der Welt seinen Willen aufzuzwingen, wie dies heute seitens den USA geschieht. China versucht, auf der Basis des Völkerrechtsprinzips der friedlichen internationalen Zusammenarbeit z.B. vermittels der „Neuen Seidenstraße“ sowohl seine ökonomischen Interessen durchzusetzen, als auch eine stabile Basis für Frieden und Wohlstand zu schaffen, während die USA gegenüber Gegnern und „Freunden“ zahlreiche Sanktionen verhängen, immer wieder Drohungen aussprechen und ihre egoistischen Interessen („America first“) in den Mittelpunkt stellen.

Dennoch können neuerdings auch Anzeichen einer beunruhigenden Politik im Chinesischen Meer konstatiert werden. Es ist jedoch kaum anzunehmen, dass es deswegen zu militärischen Auseinandersetzungen kommen würde.

82. China und Taiwan, Ein oder zwei Chinesische Staaten? Angliederung?

Nach der Beendigung des Bürgerkrieges mit dem Sieg die Kommunisten und der Flucht der Kuomitang unter der Führung von Chiang *Kai*-shek nach Taiwan sind zwar de facto zwei chinesische Staaten entstanden, jedoch der Westen hat das kleinere China, die Republik China als Kontinuum Chinas derart betrachtet, dass Taiwan Ständiges Mitglied des wichtigsten UNO-Organs, des Sicherheitsrates wurde und bis 1971 blieb. Danach ist die Normalität durch die Übergabe des Ständigen Sitzes an die Volksrepublik China hergestellt worden. Am Anfang unterhielten die westlichen Staaten diplomatische Beziehungen zur Republik China und die damaligen sozialistischen Staaten haben die Volksrepublik China anerkannt.

Aus der Sicht des Völkerrechts gib es zwei chinesische Staaten als Rechtsnachfolger des früheren chinesischen Staates allerdings jeder von ihnen meint, international China zu vertreten. Das Problem wird dadurch komplizierter, dass die Volksrepublik China die Republik China als Territorium ganz Chinas betrachtet und ihren Anschluss anstrebt.

Die Republik China mag technologisch sehr entwickelt sein, einen höheren Lebensstandard besitzen und außerdem sich für das parlamentarische System entschieden haben, aber verglichen mit der Volksrepublik China ist sie ökonomisch und von allem militärisch ein Zwerg und verdankt ihre Existenz ausschließlich den USA.

Die Anwendung militärischer Gewalt gegenüber Taiwan würde automatisch die Schutzmacht USA auf den Plan rufen. Es ist daher nicht anzunehmen, dass die Volksrepublik auf militärische Abenteuer mit ungewissem Ausgang erpicht ist. Eher wird der Fall eintreffen, dass in der Zukunft unter günstigeren Bedingungen (z.B. China als die zweite Supermacht) es unweigerlich zu einer friedlichen Angliederung kommen wird. Wie dem auch sein, die Zeit arbeitet für die Volksrepublik China.

83. China , Seestreitigkeiten

Einige notwendige Bemerkungen aus der Sicht des Seevölkerrechts (Internationales Seerecht) oder im UNO-Original United Nations Convention on the Law of the Sea von 1982

1. Mitte der 80er Jahre habe ich die wissenschaftliche Betreuung der ausgezeichneten Diplomarbeit eines vietnamesischen Beststudenten zum Streit zwischen China und Vietnam über die Paracel - Inseln. Er konnte an Hand der Seerechts-Konvention exakt nachweisen, dass sie zu Vietnam gehören. Damals konnte ich mir nicht vorstellen, dass China das gesamte „Chinesische Meer" für sich beansprucht, ohne auf das Völkerrecht und speziell auf die Seerechts-Konvention und schließlich auf legitime Rechte anderer Staaten Rücksicht zu nehmen. Sie haben auch Rechte wie vor allem auf die Ausschließliche Wirtschaftszone und den Festlandsockel.

2. Es ist besonders verwerflich und beunruhigend, dass China sich der internationalen Gerichtsbarkeit (Internationaler Gerichtshof als Organ der UNO mit Sitz in Den Haag) nicht unterwirft und danach strebt, mit den anderen interessierten Staaten auf bilateraler Ebene das vorhandene schwierige Problem der erwünschten Regelung der „9 Strich Linie" herbei zu führen: Das gesamte „Chinesische Meer" würde zu China gehören.

3. Es ist international gang und gebe, dass strittige Seerechtsfragen nach erfolgter Übereinstimmung der Streitparteien von dem Internationalen Seegerichtshof mit Sitz in Hamburg oder von einem internationalen Schiedsgericht entschieden werden können.

4. Das aggressive chinesische Vorgehen hat jedoch dazu geführt, dass die vietnamesische Kriegsmarine und Teile der amerikanischen Pazifik-Flotte gemeinsame Manöver im „chinesischen Meer" durchgeführt haben. Wer hätte das gedacht.

Ergänzung : Das Völkerrecht stützt sich auf sieben grundlegende Prinzipien (UNO-Charta), die jus cogens-Charakter besitzen, d.h. sie sind zwingend verbindlich für alle Staaten. Zu diesen Prinzipien gehört auch die friedliche Streitbeilegung (At. 2. Abs.3 der Charta): „Alle Mitglieder legen ihre internationalen Streitigkeiten durch friedliche Mittel so bei, dass der Weltfriede, die internationale Sicherheit und die Gerechtigkeit nicht gefährdet werden".
In der Prinzipien- Deklaration der UNO von 1970 wird auch diese Bestimmung authentisch (verbindlich) interpretiert: „... Die Staaten sollen folglich nach einer rechtzeitigen und gerechten Lösung ihrer internationalen Streitigkeiten durch Verhandlungen, Untersuchung, Vermittlung, Vergleich, Schiedsspruch, gerichtliche Regelung, Inanspruchnahme regionaler Organe oder Abmachungen oder durch andere friedliche Mittel eigener Wahl suchen. ... Die an einem internationalen Streit beteiligten Staaten sowie die anderen Staaten sollen von jedweder Handlung absehen, die geeignet wäre, die Lage zu verschärfen, so dass die Aufrechterhaltung des Weltfriedens und der internationalen Sicherheit gefährdet wird und haben in Übereinstimmung mit den Zielen und Prinzipien der Vereinten Nationen zu verfahren.".
Es sei darauf hingewiesen, dass es hierbei um verbindliches internationales Recht handelt, welches zugleich Ausdruck der Zivilisation ist.

Für die Unterzeichner-Staaten der Seerechtskonvention von 1982 gilt das im Teil XV (Art. 279 ff.) verankerte spezifizierte Prinzip der friedlichen Streitbeilegung. Es werden u. a. der Internationale Seegerichtshof sowie ein internationales Schiedsgericht hervorgehoben.
Sollte China weiterhin nicht bereit sein, das vorhandene Problem friedlich zu lösen und außerdem Militärmaßnahmen zur Einschüchterung den kleineren Nachbarstaaten einleiten, so müsste sich das höchste Organ der UNO, der Sicherheitsrat damit befassen, und allgemein sollten die Alarmglocken schlagen.

84. Nord Mazedonien, Staatsbezeichnung, historisch, völkerrechtlich (Thesen)

1. Gemäß dem Völkerrecht gehört die Selbstbezeichnung eines Staates zu seinen Souveränitätsrechten. Sie steht ferner in Beziehung mit dem Völkerrechtsprinzip des Selbstbestimmungsrechts der Völker bzw. der Nationen.

2. Nach dem Völkergewohnheitsrecht gilt die Regel, dass in den internationalen Beziehungen ein Staatsname nur einmal existiert, und dass ein Staat nicht den gleichen Namen wie Teil des Territoriums eines anderen Staates tragen darf (Großbritannien, Bretagne, daher Änderung zu U.K.).

3. Die Staatssouveränität erfasst auch das Staatsterritorium mit den Staatsgrenzen. Es ist nicht gestattet, dass die Staatsbezeichnung direkt oder indirekt mit Territorialforderungen im Zusammenhang steht.

4. Auf der Grundlage des Friedensvertrages vom 10. August 1913 von Bukarest ist Mazedonien zwischen Griechenland (Mazedonien der Ägäis), Serbien (Mezedonien des Vardar) und Bulgariens (Mezedonien des Pirin) aufgeteilt worden.

5. De südliche Teil von Slavomazedonien gehörte übrigens in der Antike zu dem mazedonischen Königreich.

6. Mazedonien des Vardar zusammen mit einem Teil Südserbiens erhielt 1929 das Toponym Vardarska Banovina.

7. Aber am 2. August 1944 hat Tito den Teilstaat Sozialistitska Republika Makedonija ausgerufen. Griechenland erhob damals und später keinen Einspruch. Hierdurch ist Gewohnheitsrecht entstanden.

8. Seit dem Zusammenbruch Jugoslaviens lautete die Selbstbezeichnung Republika Mekedonija.

9. Jedoch Griechenland konnte sich im Rahmen der Vereinten Nationen durchsetzen und so ist die international übliche Bezeichnung FYROM (Frühere Jugoslavische Republik von Mazedonien) entstanden , die eindeutig das Toponym Makedonija enthält.

10. Die zwischen Griechenland und Slavomazedonien vereinbarte Staatsbezeichnnung Nordmazedonien entspricht dem Völkerrecht sowie den Interessen beider Staaten. Erst durch den Vertrag mit Griechenland werden die legitimen Interessen beider Nachbarstaaten gebührend berücksichtigt.

Dabei dürfte die Meinung der ultranationalistischen Kräfte in diesen Staaten nicht von entscheidender Bedeutung sein.

85. Makedonen, Makedonien, Nord-Mazedonien, historisch, ethnologisch, Überblick

1.Im 8.Jh. v. Chr. überschritten die Griechisch-Dorischen Vorfahren (schwere archaische dorische Sprache, ausnahmslos griechische Namen) der Makedonen aus Epirus via Thessalien das Pierische (thrakisches Wort) Gebirge und eroberten sukzessive Gebiete, in denen, abgesehen von einigen Küstenniederlassungen, keine Griechen, sondern mehrere thrakische Stämme lebten, bei denen Orpheus der Gott der Musik war (Herodot: „musikfreudige Pieres"). Der thrakische GottOrpheus wurde schnell in das hellenische Pantheon aufgenommen.

Im Norden lebten illyrische Stämme. Im Verlaufe der Jahrhunderte ist es selbstverständlich zu einer Vermischung der Griechisch-Makedonischen Eroberer mit thrakischen und mit illyrischen Stämmen gekommen. Hieraus sind die historischen Makedonen entstanden. Das griechische Element und die griechische Kultur sowie die griechische Sprache konnten sich rasch durchsetzen, zumal die Thraker und die Illyrer weder eine nennenswerte Kultur noch über eine Schrift besaßen. Die Makedonen waren, genauso wie die Epiroten (die Mutter Alexanders Olympias war eine Epirotin), rückständige und kriegerische Hirten und Bauern.

Sie wurden von den Athenern aus kulturellen und insbesondere aus politischen Gründen zutiefst verachtet (z.B. Demosthenes nannte sie in seinen vier Philippika Barbaren). Sowohl in dem Gründungsmythos (Abstammung aus Argos) der Griechisch- Makedonischen Könige, als auch in der realen Geschichte, ist immer wieder die griechische Herkunft der Makedonen unterstrichen worden. So z.B. Alexander der Große: «…αὐτός τε γὰρ Ἕλλην γένος εἰμὶ τὠρχαῖον καὶ ἀντ᾽ ἐλευθέρης δεδουλωμένην οὐκ ἂν ἐθέλοιμι ὁρᾶν τὴν Ἑλλάδα» : „weil ich Grieche bin von altem Geschlecht und würde nicht sehen wollen, dass das freie Hellas versklavt wird" (Herodot, Buch Kalliope 45). Er meinte die Versklavung durch die Perser.

Durch beständige Eroberungen sind weitere thrakische und illyrische Gebiete erobert worden. Hierzu gehörte auch der südliche Teil des heutigen Nord-Mazedonien, von dem übrigens die berühmte Dynastie der Ptolemäer (anfänglich Ktolemäer:die Kriegerischen) stammte.

Einzelne Historiker vertreten die Meinung, dass die historischen Makedonier keine Griechen, sondern lediglich eine Mischung von Thrakern und Illyrern seien. Hierüber gibt es jedoch keine überzeugenden Argumente. Wenn das so gewesen wäre, dann hätten sich die Makedonen nicht zu Hauptträgern der bekannten griechischen Hochkultur und der griechischen Sprache entwickeln können.

Wie dem auch sei: Das bekannte historische Makedonien gehört unzweifelhaft zum griechischen kulturellen und historischen Erbe. Damit hat das slawischalbanischtürkische Nord Mazedonien nichts zu tun. Es gibt immer noch den common sense (gesunder Menschenverstand).

2. Das Toponym Mekedonien in der römischen, byzantinischen und türkischen Zeit

Das Toponym Makedonien wurde in der Zeit des Imperium Romanum sehr extensiv verwendet: Mazedonien, Thessalien, Teile Thraziens und Illyriens. Die genauen Bezeichnungen in Latein waren: Provincia Macedonia, Macedonia Salutaris, Macedonia Prima und Macedonia Secunda.

In der byzantinischen Zeit (genau Imperium Romanum Orientalis) bezog sich der Name Makedonien als Provinz in erster Linie auf Ost -Thrakien. Es gab weitere Provinzen wie jene von Thessaloniki, von West-Thrakien und von Strymon.

Die Osmanischen Eroberer verzichteten auf die Verwendung des Toponyms Makedonien und teilten das gesamte Gebiet in drei große Vilayets (Verwaltungsgebiete): a) Thessaloniki (heutiges Zentral- und Ost-Makedonien, Pirin Bulgariens, und Südost- Nordmazedonien), b) Monastir (West-Makedonien, West- Nordmazedonien und Südost-Albanien, und c) Kosovo. Mazedonien war ein Schmelztiegel von verschiedenen Ethnien.

3. Slawen in Makedonien

Etwa 11 südslawische Stämme (Milingen, Eseriten, Sagoudaten, Bajouniten(Beouniten) ,Dragouwiten (Drogowiten), Bersiten (Bergiten), Smolianen, Strymlianen (Strymoniten), Belegisiten, Rigchinen, Zagoriten) nahmen Mazedonien in Besitz. Einige zogen weiter gen Südgriechenland. Deswegen gab es noch Anfang des 19. Jh. Tausende von slawischen Toponymen, die jedoch im Verlaufe von drei Jahrzehnten per Gesetz hellenisiert wurden. Es gibt immer noch einige (Arachowa, Zagoria, Metzowo etc.), was den griechischen Ultra-Nationalisten nicht bekannt ist. Die Slawen lebten in Makedonien bis zum Zweiten Balkankrieg 1913 etwa 1200 -1300 Jahrelang. Danach fanden auf diesem Gebiet Bevölkerungstausch und gewaltige ethnische Säuberungen statt.

Ab 1919 begann die massive und systematische Besiedlung Makedoniens in erster Linie durch griechische Flüchtlinge aus dem Pontos (türkische Küste des Schwarzen Meeres) und das nach genau 2600 Jahren. In concreto heißt es, dass die Pontos Griechen, von denen auch ich abstamme, erst seit etwa 100 Jahren in Makedonien leben.

4. Slawen in Nordmazedonien

In erster Linie handelt es sich um Nachfahren von Bulgaren aus der Zeit des Mittelalters. Daher ist ihre Sprache fast die bulgarische kirchliche Sprache, wie sie im Mittelalter gesprochen wurde.

Aber dieses Gebiet war vor der Ankunft der Bulgarischen Eroberer keine terra nullius (Niemandsland), weil dort bereits Südslawen, genauer eine Mischung von Südslawen, Thrakern (mittlerer und östlicher Teil) und Illyrern (Dardaner, westlicher Teil) sowie im südlichen Teil auch Griechen lebten. Im späten Mittelalter kamen noch Albaner, die heute 30% der Gesamtbevölkerung ausmachen mit wachsender Tendenz sowie Türken und Zigeuner hinzu. Somit besteht ethnologisch zwischen den Bulgaren und den heutigen Bewohnern Nord Mazedoniens ein großer Unterschied.

5. Schlussfolgerung: Die heutigen Mazedonen in Nord Mazedonien sind weder Serben, noch Bulgaren, sondern eine eigenständige komplexe polyethnische Einheit. Aus Sicht des Völkerrechts ist diese Multiethnie Träger des Selbstbestimmungsrechts. Aus Sicht des Staatsrechts handelt es sich um ein

Staatsvolk. Somit kann konstatiert werden, dass natürlich eine einheitliche Staatsangehörigkeit besteht und zugleich mehrere partielle ethnische Zugehörigkeiten existieren (z.B. Staatsangehörigkeit Nord Mazedonien und Ethnie Slawe, Albaner oder Türke etc.).

Dieses Konstrukt birgt jedoch eine nicht zu unterschätzende Sprengkraft im Sinne der Separationsgefahr in sich. Ich denke in erster Linie an die Albaner, die sich als Muslime mit hoher Geschwindigkeit vermehren. In der Zukunft werden sie die Bevölkerungsmehrheit erlangen. Dann wäre die Gefahr der Separation als Voraussetzung für die Gründung eines „Groß Albanien", bestehend aus dem heutigen Albanien, dem Kosovo und den Albanern von Nord Mazedonien groß. Dies wäre die Erfüllung des Traumes der albanischen Ultranationalisten, die auch auf griechisches Territorium schielen.

86. Nord Mazedonien aus Sicht der Theorie der Internationalen Beziehungen

Die Theorie der Internationalen Beziehungen hat folgende Hauptkategorien: Macht (insbesondere Wirtschaftsmacht und Militärmacht), Einfluss (insbesondere Einflusssphären), ‚Interessen (darunter strategische Interessen), Gleichgewicht der Kräfte und Gegengewichte, Rohstoffe, Absatzmärkte etc. Davon unterscheidet sich das Völkerrecht mit seinen Grundlegenden Prinzipien und den Normen.

Stellen wir in den Mittelpunkt der Betrachtungsweise die Interessen, so müssen wir zwischen den wichtigsten Interessenkategorien unterscheiden: übereinstimmende Interessen, gemeinsame Interessen, Parallelinteressen, sich kreuzende Interessen und konträre (gegensätzliche) Interessen.

Als Träger der unterschiedlichen Interessenkategorien treten hinsichtlich Nord Mazedonien in erster Linie die folgenden Staaten bzw. Organisationen auf: die NATO, Griechenland, Russland, die Türkei, Serbien, Albanien und Bulgarien.

Die NATO ist stark daran interessiert, Nord Mazedonien in die Militärallianz aufzunehmen, um u. a. den Einfluss Russlands in dieser neuralgischen Region zu verhindern. Russland wiederum versucht mit allen Mitteln, die vorhandenen politischen und diplomatischen Beziehungen zu festigen bzw. zu erweitern und den Einfluss der NATO auf Nord Mazedonien zu verhindern. Somit existieren zwischen der Nato und Russland konträre Interessen, wodurch eine Konfliktsituation entsteht.

Auch die Türkei versucht hin und wieder ihre Interessen zu realisieren und denkt dabei vor allem an die dort lebenden Türken sowie an die muslimischen Albaner. Neo-osmanische Phantasien dürften dabei auch eine Rolle spielen. Die Türkei hat den demonstrativen Versuch unternommen, die Rolle einer Schutzmacht (Schutz vor Griechenland) gegenüber Nord Mazedonien zu spielen. Hiermit werden zwischen der Türkei und der Nato Parallelinteressen und zwischen der Türkei und Griechenland unterschiedliche Interessen konstatiert.

Serbien zeigt ebenfalls Interesse an der Entwicklung Nord Mazedoniens, wodurch zwischen Griechenland und Serbien Parallelinteressen entstehen.

Die Interessenlage Griechenlands und Nord Mazedoniens sind Veränderungen unterworfen Am Anfang herrschten konträre Interessen vor, jetzt nach dem Vertrag sind zwischen den beiden Staaten gemeinsame Interessen festzustellen, die sukzessive zu einer Interessenübereinstimmung führen können, die sich in engen ökonomischen, kulturellen und wissenschaftlichen Beziehungen äußern kann.

87. Die Balkan-Völker ticken anders oder Grundzüge der Mentalität

Hauptprämisse: Widerspiegelung der objektiven Realität und nicht irgendwelcher Mythen und Wunschvorstellungen.

Die Balkanvölker haben einige gemeinsame Besonderheiten aufzuweisen, die sie hinsichtlich des Grundverhaltensmusters (Mentalität) wesentlich geprägt haben.

1. Historisch bedingt, hatten sie keine Renaissance. Nachteiliger ist die Tatsache, dass sie die welthistorische Aufklärung nicht miterlebt haben. In concreto heißt es, dass bei ihnen kein kritischer Geist sich entwickeln konnte, und keine bürgerliche Revolution durchgeführt wurde, die im entwickelten Teil Europas eng mit den bürgerlichen Freiheiten und den grundlegenden Menschenrechten verbunden war. Weitere Errungenschaften der bürgerlichen Revolution, wie die demokratische Verfassung und die Gewaltenteilung sind zwar übernommen, aber es fehlten adäquate ökonomische, kulturelle und sozialpolitische Voraussetzungen. Es konnte sich des Weiteren keine richtige bürgerliche Klasse herausbilden.

Zu erwähnen ist ferner der bürgerliche Staat, der sich auf den Citoyen stützt. Das bedeutet, es ist ein Staatsbewusstsein vorhanden. Eine weitere Säule des Staates ist das Rechtsbewusstsein des Citoyen, d.h. es werden die Gesetze respektiert und der Bürger kennt das Wechselverhältnis von Rechten und Pflichten. All dies ist für die Balkanvölker ein Buch mit sieben Siegeln.

2. Das Menschenbild der Balkanvölker ist durch die vorkapitalistische, d.h. die stark bäuerliche Gesellschafts – Wirtschaftsordnung geformt worden. Das Dorf, die Familie, die Verwandten, die Freunde und vielleicht noch die politisch gleichgesinnten prägen seine Interessen und sein Grundverhaltensmuster. Dieser Mikrokosmos hat dazu geführt, dass kein Individuum mit solchen Charakteristika wie Gesellschaftsbewusstsein, Gemeinsinn und Verantwortungsbewusstsein sich herausbilden konnte. So ist der Durchschnittsmensch in den Balkanländern Einer unter mehreren, jedoch kein Individuum, das allerdings die unabdingbare Voraussetzung für den Citoyen ist. Er besitzt keine Individualität, aber dafür einen überdurchschnittlich entwickelten Egoismus. Infolgedessen ist ihm der Gemeinwohl-Gedanke wesensfremd. So ist es selbstverständlich, dass der Balkan-Politiker nicht an die allgemeinen Interessen, sondern an die eigenen Interessen sowie, an jene seiner Verwandten, Bekannten und Freunde denkt.

Somit ist der Weg frei für einen der schlimmsten Krebsgeschwüre der Gesellschaften in den Balkan-Ländern, für die Korruption mit Protagonisten die Rumänen. Während die Korruption in den entwickelten europäischen Ländern und speziell in jenen mit protestantischer Tradition eine Ausnahme ist, stellt sie in Balkan die Regel dar. In einigen Ländern hat sich durch die Jahrzehnte zwischen den Menschen und den Politikern eine besondere Art des contrat social entwickelt und zwar der Gesellschaftsvertrag der gegenseitigen Korrumpierung (do ut des).

3. Die Balkan-Völker sind in ihrer Mehrheit Orthodoxe Christen. Jahrhunderte lang sind sie positiv (Sprache, ethnische Identität), jedoch auch sehr negativ von dem orthodoxen Klerus beeinflusst worden, der sich auch wegen seiner mittelalterlichen Metaphysik und Mystik durch eine unvorstellbare Rückgewandheit und Rückständigkeit auszeichnet. Er hat sich schon gleich nach der französischen Revolution gegen die anthropo- und individualzentrischen Freiheiten und Menschenrechte gewandt, predigt immer noch einen archaischen Theozentrismus und fördert weiterhin den Aberglauben. Der orthodoxe Klerus hat alles getan, damit kein selbstbewusstes und kritisch denkendes Individuum entwickeln konnte.

4. Eine verhängnisvolle Rolle hat die osmanische Herrschaft über die Balkan -Völker gespielt. Fast viereinhalb Jahrhunderte stöhnten die christlichen Völker Balkans unter dem Joch der muslimischen osmanischen Eroberer und waren hierdurch abgekoppelt von den welthistorischen ökonomischen und sozialpolitischen Entwicklungen in West-Europa. Sogar ihr Grundverhaltensmuster weist einige Elemente der orientalischen Mentalität derart auf, so dass einige Historiker und Soziologen von einer Balkan – orientalischen Mentalität sprechen.

Noch heute fallen kulturelle Unterschiede zwischen Gebieten früher unter osmanischer Herrschaft (z.B. Serbien, Festland Griechenlands) auf der einen und Gebieten unter der Herrschaft entwickelter Staaten (z.B. Österreich in Slowenien und Kroatien, Venedig in Ionischen Inseln) auf der anderen Seite auf.

5. Im Verlaufe des siegreichen Kampfes gegen die osmanische Herrschaft hat sich bei allen Balkan -Völkern ein starkes Nationalbewusstsein entwickelt, welches nach der Erlangung der Befreiung weiter gefestigt worden ist. Dabei hat man es sträflich unterlassen, auch ein Staatsbewusstsein zu entwickeln, ohne das ein modernes Staatswesen nicht funktionieren kann. Ich habe schon vor Jahren in einigen Veröffentlichungen in Griechenland über Mentalitätsprobleme dieses Phänomen als verhängnisvollen Geburtsfehler aller Balkan-Staaten bezeichnet. Man ist bereit für seine Nation oder für das Vaterland zu kämpfen und wenn nötig zu sterben, aber ihm ist völlig unbekannt, dass er auch gegenüber seinem Staat Pflichten hat. In einigen Ländern des Balkan ist die Haltung gegenüber dem Staat ablehnend bis feindlich. Es ist kein Zufall, das, soweit überblickbar, die Begriffe Staatsbewusstsein und Rechtsbewusstsein -Steuer- und Umweltbewusstsein ohnehin keinesfalls- in den Sprachen dieser Völker enthalten sind.

6. Die meisten Balkan -Völker hatten das tragische Schicksal im „Realen Sozialismus" gelebt zu haben, d.h. in einem totalitären System ohne Demokratie, Freiheiten und Menschenrechte. Speziell Albanien wurde in ein gewaltiges Gefängnis verwandelt. Unter diesen extrem schwierigen Bedingungen konnte sich weder das Individuum, noch der Staatsbürger, noch Organisationstalent, noch Privatinitiative noch ein Unternehmergeist entwickeln.

Auf dem ethischen Gebiet ist noch etwas Verheerendes geschehen und zwar die Vernichtung der traditionellen ethischen Normen. Nach dem Zusammenbruch des „Sozialismus" mit seinen Wertvorstellungen ist bei den meisten Menschen ein ethisches Vakuum derart entstanden, dass dies im Allgemeinen als ethisch-moralische Verelendung eingeschätzt wurde. Hierzu gehörten auch die massenweise Prostituieren von Frauen und gehört weiterhin eine beängstigende Skrupellosigkeit und

Menschenverachtung der sogenannten politischen und ökonomischen Eliten. Auch hier steht Rumänien an erster Stelle, gefolgt von Bulgarien.

Im Verlaufe der Jahrhunderte haben sich bei den Balkan-Völkern im Großen und Ganzen bei allen nationalen Besonderheiten folgende Charaktermerkmale herausgebildet:

a) Positive: Freiheitsliebe, Patriotismus, Selbstbewusstsein, Ehrgefühl, Stolz, hochentwickelter Familiensinn, Respekt vor den älteren Menschen.

b) Negative: Starke Neigung zur Disziplinlosigkeit, schwach entwickelte Ausdauer, kaum besondere Liebe zur Arbeit, unterentwickelte Dynamik, schwacher Wille, kein Gemeinsinn, konfrontativer Geist privat und insbesondere in der Politik, primitive Demonstration des Reichtums (sehr orientalisch), Emotio vor Ratio (sehr orientalisch, übertriebene Emotionalität, privat wie als Nation), Surrealismus (sehr orientalisch, Verwechselung von Wunschträumen mit der harten Realität), Macht des Wortes aber Schwäche der Tat, Hang zum fast paranoiden spekulativen Denken (sehr orientalisch), krankhafter Hang zu Verdächtigungen, stark unterentwickeltes Organisationstalent, überdurchschnittlich entwickelte Korruption, krankhafte Neigung zum Ultra-Nationalismus, Oberflächlichkeit individuell und besonders in den Staatsangelegenheiten, Kritikfeindlichkeit (sehr orientalisch ‚wer kritisiert ist Feind, wer übermäßig lobt, ist ein echter Freund), vollständiges Fehlen der Selbstkritik (sehr orientalisch), unterentwickeltes Verantwortungsbewusstsein in Gesellschaft und Staat und zugleich für das eigene Versagen andere verantwortlich machen (sehr orientalisch), beängstigendes Fehlen der Fähigkeit zu wirtschaften, Überempfindlichkeit (sehr orientalisch, privat und besonders in nationalen Fragen), vollständiges Fehlen des Bewusstseins von der Einheit der Rechte und der Pflichten gegenüber der Gesellschaft und dem Staat.

Schlussfolgerungen: 1. Die Balkan-Völker sind auf dem Wege nach Europa und werden noch viele Jahrzehnte brauchen, um dort anzukommen.

2. Die Mitgliedschaft der Balkan-Staaten in der Europäischen Union war ein großer Fehler. Man ist dabei, auch die West-Balkan-Staaten in die Europäische Union aufzunehmen und den bereits begangenen Fehler zu multiplizieren. Cui bono?

88. Grundzüge der griechischen Mentalität

Es sind gezielt zahlreiche Gespräche mit Menschen aus unterschiedlichen sozialen Schichten geführt worden. Des Weiteren erfolgte jahrzehntelang ein intensives und systematisches Studium der sach- und themenbezogenen Geschichte, der Religion, außerordentlich intensiv der schöngeistigen Literatur sowie hinsichtlich der allgemeinen Aspekte eine Auswertung der entsprechenden Fachliteratur in Soziologie, Psychologie und vor allem in Ethnologie. Weitere eigene praktische Spezialerfahrungen im Sinne der vielseitigen Feldforschung spielen ebenso eine nicht zu unterschätzende Rolle.

Annäherung an die Thematik (Methodologisches).

Es sind die folgenden Grundsätze zu beachten:

a) Objektivität: ohne nationalistische, religiöse oder ideologische Scheuklappen und ohne Träumereien und Hirngespinste vorgehen.

b) Eine richtige, d.h. keine durch Subjektivismus und Voluntarismus verzerrte Widerspiegelung der Realität (Widerspiegelungstheorie des größten materialistischen Philosophen der Antike Demokrit, Δημόκριτος).

c) Komplexität des Phänomens der Mentalität: Es gilt, die recht unterschiedlichen Seiten dieser Erscheinung wie z.B. ethnologische, historische, religiöse und weitere Aspekte zu beachten.

d) Widersprüchlichkeit: Vorzüge und Nachteile sind in ihrem Zusammenhang zu sehen. Andernfalls bestünde die große Gefahr von subjektivistisch gefärbten Einseitigkeiten, die im Allgemeinen dazu dienen, Selbsttäuschungen zu schaffen.

e) Relativität: Abgesehen von seltenen Ausnahmen (Axiome), ist die Wahrheit relativ.

f) Es bedarf außerdem bei der Einschätzung der Ausgewogenheit, denn Übertreibungen sind fehl am Platze. Im Grunde genommen ist die Ausgewogenheit fair, richtig und gerecht.

g) Zu erwähnen sind des Weiteren die Entwicklung und die Veränderung (dem Herakleit zugeschrieben: „Πάντα ρεί“; Ηράκλειτος: „Alles fließt“) von nationalen Charakterzügen. So ist z. B. im Rahmen der EU eine allmähliche Mentalitätsveränderung insbesondere bei den Völkern Süd-Europas zu beobachten. Alte Gewohnheiten und Strukturen brechen zusammen. Auch die Nordeuropäer unterliegen einigen Mentalitätswandlungen. Insgesamt kommt es zu gegenseitigen Beeinflussungen, positiven aber leider auch negativen, der Völker.

h) Besonders bemerkenswert ist die Verallgemeinerung im gnoseologischen Sinne. Ohne sie wäre grundsätzlich die Mentalitätseinschätzung nicht möglich. Die Verallgemeinerung darf jedoch nicht willkürlich sein. Sie muss sich vielmehr auf die wesentlichen, prägnanten Merkmale eines Phänomens stützen. Auf alle Fälle darf sie weder unlogisch, noch ungerecht sein. Es seien z.B. hier absichtlich einige paradoxe konstruierte Einschätzungen genannt: Die Franzosen haben keine Ahnung von der Mode und sind nicht charmant oder die nordischen Männer, darunter auch die Deutschen, sind Weltmeister in der Galanterie, oder die Griechen sind die Inkarnation der Zuverlässigkeit und der Disziplin oder die Russen sind die geborenen Alkohol-Abstinenzler. Spätestens durch diese Beispiele wird evidenter, dass es sich bei Einschätzungen der Verhaltensweisen der Völker nicht immer um Klischees handelt, wie ziemlich oft verharmlosend und nivellierend behauptet wird.

i) Zu nennen ist nicht zuletzt der Grundsatz der Differenziertheit. Sind gemeint alle, die meisten, die wenigsten, in ihrer Mehrheit oder in der Minderheit? Sind jene von der Oberschicht, von dem Mittelstand oder etwa von der Unterschicht gemeint? Hier werden diese Begriffe soziologisch verwendet. Hierbei geht es eigentlich um den Durchschnittsgriechen Auf alle Fälle stehen nicht Einzelfälle im Mittelpunkt der Untersuchung.

Ferner ist auch unbedingt zu beachten, welche Stämme bzw. Bevölkerungsgruppen gemeint sind, denn es gibt mitunter große Unterschiede, z. B. in Griechenland zwischen den Pontischen Griechen (offen, ehrlich , etwas naiv und den Vlachen (Balkan-Bauernschläue, durchtrieben, doppelbödig).

Insgesamt ist das Grundverhaltensmuster (Mentalität) der Völker von vielen Faktoren abhängig: Klima, Lebensbedingungen, Geschichte, Tradition , Religion etc. Ausgangspunkt ist das milde mediterrane Klima, das im Allgemeinen angenehme Lebensbedingungen schafft und den Menschen in seiner Ganzheit wesentlich und genetisch zu beeinflussen vermag. Das milde Klima hat in den vergangenen 42 tausend Jahren ausgeglichene, aufgeschlossene und kommunikative Menschen mit einem heiteren Gemüt geschaffen.

All dies hat bereits in der Antike seine Widerspiegelung in der griechischen Mythologie gefunden ("Olympisches Gelächter" in der Götterversammlung).

Die alten Griechen haben sich ihre Götter nach ihrem menschlichen Bilde geschaffen, d.h. wie sie selbst sind. Im Mittelpunkt der Götterwelt stand die Fröhlichkeit. Was speziell den Göttervater Zeus anbelangt, bestand seine Hauptbeschäftigung darin, die schönsten Frauen nicht nur in Hellas zu verführen und zu beglücken, Also der Gott Zeus besaß sozusagen genetisch eine überschäumende Sexualität.

Derartiges findet man nicht in den eher düsteren Mythologien der nordischen Völker, wo die Hauptbeschäftigung des höchsten germanischen Gottes Wodan der ständige Kampf war. Außerdem verfügten die Griechen fast fünf hoch spezialisierte Göttinnen und Götter für die Erotik und die Sexualität, während die germanischen Stämme nur die armselige Liebesgöttin-eigentlich Fruchtbarkeitsgöttin-Freya kannten, der sie großzügigerweise nur einen einzigen Wochentag , den Freitag, gewidmet haben!

Dazu hat auch die vortreffliche Ernährung entscheidend beigetragen: Oliven und das Olivenöl vom „Heiligen Olivenbaum", Fisch, Gemüse (u.a. Knoblauch), Obst, Käse, Hülsenfrüchte, um die wichtigsten zu nennen, Diese vitaminreiche und vorwiegend aus ungesättigten Fettsäuren bestehende Nahrung hat sowohl ihre Sexualität, als auch ihre außergewöhnliche intellektuelle Mobilität gefördert.

In den letzten Jahren haben Spezialhistoriker, nicht Altphilologen mit ihren traditionell linguistischen Mikrokosmos, nachgewiesen, dass es bei den alten Griechen eine hochinteressante und in der Weltgeschichte einmalige Besonderheit gab und zwar die Einheit von Eros und Weisheit, von Sexualität und Wissenschaft. Die Wissenschaftler meinen, dass die entspannte Einstellung der Griechen zu der Sexualität zusätzliche Kreativität freigesetzt hätte.

Es wäre allerdings verfehlt, zwischen den alten und den neuen Hellenen in kultureller Hinsicht eine direkte Verbindung herstellen zu wollen, wie dies im offiziellen historischen Selbstverständnis der Neugriechen der Fall ist. Schon während der Eroberung der griechischen Stadtstaaten im 2. Jh. v. Chr. hatten wohl die siegreichen Römer Grund, den Griechen ihrer Zeit verächtlich als Craeculus (Griechenlein) zu bezeichnen. D.h. die Römer wollten auf die unangenehme Tatsache aufmerksam machen, dass schon die Griechen ihrer Zeit, also vor zwei tausend Jahren (!) ihren glänzenden Vorfahren unwürdig waren. Jetzt ist es leider noch schlimmer. Speziell auf dem Gebiet der Wissenschaft sind die wahren Bewahrer und Beförderer des altgriechischen Erbes die Nachkommen der alten nordischen Barbaren und nicht die ökonomisch stets am Boden liegenden Neugriechen.

Die griechischen Nationalisten („Ellinarades": „Großgriechen") nehmen nicht zur Kenntnis, dass die Römer mehr al 650 Jahre Eroberer waren. Dennoch konnten sich die griechische Kultur und die griechische Sprache im Oströmischen Reich im 7. Jh. letztendlich durchsetzen. Im Unterschied zu der römischen Besatzung hatte die ca. 450jährige türkische Besatzung die neugriechische Mentalität nicht unwesentlich beeinflusst. Es verwundert daher nicht, dass zwei führende griechische Wissenschaftler, der Philosoph Stelios Ramphos und der Historiker Apostolos Vakalopoulos, unabhängig voneinander, die Ansicht vertreten, dass der Neugrieche sich immer noch auf dem Wege nach Europa befindet oder noch drastischer formuliert, dass die Neugriechen in ihrer Mehrheit noch keine Europäer sind. Ihre Mentalität stellt vielmehr eine Synthese der Balkan – und der orientalischen Mentalität, d.h. der Balkan-Bauernschläue und der orientalischen Bequemlichkeit, dar.

a) Vorzüge

Freiheitsliebe, Selbstbewusstsein, Ehrgefühl, Stolz, intellektuelle Mobilität, kreative Phantasie, Begeisterungsfähigkeit, Kontaktfreudigkeit, Freundlichkeit , Fröhlichkeit , Aufgeschlossenheit, Toleranz, ästhetische Orientierung, hochentwickelter Familiensinn, Respekt vor den älteren Menschen, Galanterie, entwickelte Sexualität (Sinnlichkeit, Leidenschaft).

b) Nachteile

Es ist nicht die Absicht gewesen, das antike Hellas zu idealisieren, Es darf daran erinnert werden, dass es nicht nur das Streitgespräch (Διάλογος), sondern auch ständige Kriege untereinander gab, bis das kulturell unterlegene aber militärisch sehr starke Sparta den Stadtstaat Athen, das Zentrum der altgriechischen Kultur und Wissenschaft, zerstört hat. Noch heute herrscht im politischen Leben Griechenlands ständig der konfrontative Geist vor. Einvernehmliche Problemlösungen sind in der griechischen Tradition fast unbekannt.

Man darf außerdem nicht vergessen, dass die alten Hellenen die körperliche Arbeit zutiefst verachteten und auch deswegen als erste in der Menschheitsgeschichte auf die Idee gekommen sind, die Sklaverei massiert als Wirtschaftsfaktor zu erfinden, wobei kriegsgefangene Griechen zu Sklaven gemacht wurden, denen unglaublicherweise der größte Philosoph der Antike Aristoteles das Menschsein abgesprochen hatte, indem er sie als Ding (Πράγμα) bezeichnete.

Somit schufen sie eine neue Gesellschaftsformation, die Sklavenhalterordnung, die zwar zur Explosion der Produktivkräfte führte (Karl Marx), die allerdings nicht gerade eine humanistische Errungenschaft war. Im Unterschied von den Hellenen kannten die anderen hochkultivierten Völker nur die Haussklaverei. Ich bin mir durchaus dessen bewusst, dass diese historischen Wahrheiten desillusionierend wirken, aber es handelt sich eben um objektive Wahrheiten und nicht um subjektive Interpretationen oder um nationalistische Phantastereien.

Des Weiteren ist zu beachten, dass das griechische Volk weder die Renaissance, noch die Aufklärung, noch die bürgerliche Revolution erlebt hat. Es hat ferner weder das Individuum (Stelios Ramphos), noch den Citoyen (Staatsbürger) hervorgebracht. Es ist daher nicht verwunderlich, dass die Neugriechen in ihrer Mehrheit weder ein Gesellschafts-, noch ein Staats-, noch ein Rechts,- und was für die Finanzlage besonders schwerwiegend ist, noch ein Steuerbewusstsein besitzen. Das Umweltbewusstsein ist ihnen größtenteils nicht gerade bekannt. Sie betrachten vielmehr den eigenen Staat fast als Feind und versuchen, ihn mit besonderer Freude zu betrügen, wie dies in der Zeit der Türkenherrschaft üblich war.

Diese antistaatliche Grundposition ist auch nach der Erringung der nationalen Befreiung im 19. Jh. nicht aufgegeben worden. So ist die Steuerhinterziehung ein sehr lohnender Nationalsport, auch wenn dadurch der Staat zugrunde geht, wie dies gegenwärtig der Fall ist. Hierdurch ist die eigene spöttische Formulierung entstanden, „Reiche Bürger, armer Staat", was letzten Endes den Staat ruiniert hat und noch dazu die Verarmung der Mittelschicht und anderer Bevölkerungsschichten verursacht hat.

Für die Zwecke der nationalen Identitätsstiftung und Identitätssicherung ist bereits Mitte des 19. Jh. ein hoch gezüchtetes Nationalbewusstsein entstanden, welches die absolut notwendige Herausbildung des Staats- und des Rechtsbewusstseins verhindert hat. Was Letzteres betrifft, so kann unschwer festgestellt werden, dass der Neugrieche seine Rechte wohl kennt und sie großzügig in seinem egoistischen Interesse interpretiert, jedoch geflissentlich übersieht, dass zum gedeihlichen Funktionieren eines Gemeinwesens auch Pflichten gehören. So sind solche Fragestellungen, wie z.B. das dialektische Wechselverhältnis von Rechten und Pflichten für ihn „Böhmische Dörfer".

Ausgerechnet in der dreißigjährigen Periode nach dem Sturz der Militärdiktatur fand ein gewaltiger allseitiger Umwälzungsprozess statt, der nicht nur viele positiven Entwicklungen aufzuweisen hat, sondern auch verheerende Folgen bezüglich der Grundlagen der griechischen Mentalität hatte. Auf der Basis von Milliarden-Krediten wurde ein Wohlstand im Sinne des Eudämonismus und eines primitiven Hedonismus geschaffen, der eine regelrechte Vernichtung der bis zu diesem Zeitpunkt geltenden ethischen, sozialen, kulturellen, ästhetischen und nationalen Werten herbeigeführt hat.

Diese Katastrophe ist möglicherweise verhängnisvoller als die ökonomische. Die meisten Griechen haben gegenwärtig den Eindruck, ihre Würde, die Wertschätzung und die Anerkennung seitens der anderen Völker verloren zu haben. Scham breitet sich wegen dieser internationalen Blamage aus. Teilweise ist es zu einer Krise der nationalen Identität mit weitreichenden ethnopsychologischen Folgen gekommen. Der moralisch-ethische Schaden ist fast irreparabel.

Folgend sollen die Nachteile erwähnt werden:

Als generelle Prämisse sind zwei Hauptprinzipien des griechischen Nationalcharakters zu betrachten: a) das Leben in vollen Zügen genießen („Αρχή της απόλαυσης της ζωής", wenn nötig auch auf der Grundlage gewaltiger Schulden, die man ohnehin nie zurückzahlen wird und b) die geringste Anstrengung („Αρχή της ήσσονος προσπάθειας").

Starke Neigung zur Disziplinlosigkeit, schwach entwickelte Ausdauer, kaum besondere Liebe zur Arbeit, unterentwickelte Dynamik, schwacher Wille, kein Gemeinsinn, konfrontativer Geist privat und insbesondere in der Politik, primitive Demonstration des Reichtums, Emotio vor Ratio (übertriebene Emotionalität, privat wie als Nation), Surrealismus (Verwechselung von Wunschträumen und der harten Realität, Traumtänzer, Tagträumer), Macht des Wortes aber Schwäche der Tat, Hang zum fast paranoiden spekulativen Denken, krankhafter Hang zu Verdächtigungen und zu Verschwörungstheorien (fast alle seien gegen Griechenland, deswegen die Finanzkatastrophe etc.), Neigung zum Voluntarismus und zur Rechthaberei, stark unterentwickeltes Organisationstalent, traditionell extrem starker Hang zur Demagogie und zum Populismus, Korruption als Regel (speziell der Verwaltungsapparat ist wie ein Augiasstall oder sogar wie die „Magna Cloaca" im alten Rom), Neigung zum Nationalismus und zum Chauvinismus, Oberflächlichkeit individuell und besonders in den Staatsangelegenheiten, Unzuverlässigkeit („Ein (griechischer) Mann, ein Wörterbuch"), Übertreibungssüchtigkeit, Kritikfeindlichkeit (wer kritisiert ist Feind, wer übermäßig lobt, ist ein echter Freund), vollständiges Fehlen der Selbstkritik, unterentwickeltes Verantwortungsbewusstsein in Gesellschaft und Staat und zugleich für das eigene Versagen andere verantwortlich machen, beängstigendes Fehlen der Fähigkeit zu wirtschaften, Überempfindlichkeit (privat und besonders in nationalen Fragen), vollständiges Fehlen des Bewusstseins vom Wechselverhältnis der Rechte und der Pflichten gegenüber der Gesellschaft und dem Staat, maßlose Selbstüberschätzung und Nepotismus (Vetternwirtschaft, Familiendynastien eigentlich orientalischen Typs).

Schlussfolgerung: Die griechische Mentalität eignet sich in idealem Maße für das Genießen des Lebens sozusagen als menschliche Selbstverwirklichung, für die Erotik, für ausgeglichene zwischenmenschliche Beziehungen und für das Familienleben im weiteren Sinne des Wortes. Sie ist allerdings für die Schaffung eines gut funktionierenden Staates, einer erfolgreichen Wirtschaft und allgemein für solide Lebensbedingungen im breiten Sinne des Wortes unzureichend.

89. Grundzüge der deutschen Mentalität

Annäherung an die Thematik (Methodologisches) wie bei der neugriechischen Mentalität

a) Vorzüge der deutschen Mentalität

Einleitendes: Die Mentalität der Völker ist das Ergebnis einer jahrtausend alten Entwicklung, die von äußeren Bedingungen, wie z.B. Klima, Ernährung, geographischer Lage etc. sowie von deren Widerspiegelung in den Anschauungen, in der Tradition, in der Religion etc. abhängig ist. Am Anfang stehen die materiellen Lebensbedingungen. So erfordern das strenge Klima und die davon abhängigen schwierigen Lebensbedingungen eine effektive soziale Organisation, einen Verantwortlichen (Führer), Disziplin und Selbstdisziplin, Fleiß, Ausdauer, Geduld, Zielstrebigkeit, Erfindergeist etc. Außerdem sind bestimmte Ereignisse von historischer Tragweite zu berücksichtigen, wie z.B. die Entstehung des Protestantismus mit seiner bewundernswerten und geschichtsgestaltenden Arbeitsethik. Zu erwähnen sind auch die bekannten „Preußischen Tugenden".

Es handelt sich im Wesentlichen um die folgenden Vorzüge:

Arbeitsliebe, Disziplin, Willensstärke, große Ausdauer, Zuverlässigkeit („Ein Mann, ein Wort "), hochentwickeltes Organisationstalent, Erfindergeist, Gründlichkeit, Systematik, Methodik, Effektivität, Zielstrebigkeit, Ordnungsliebe, („Ordnung ist das halbe Leben"), Pünktlichkeit, Ratio vor Emotio, entwickeltes Rechtsbewusstsein, Gemeinsinn (Gesellschaftsbewusstsein), Staatsbewusstsein und Umweltbewusstsein.

Aus Sicht der Systemtheorie stellen diese Vorzüge Elemente eines ontologischen (tatsächlichen) sowie eines gnoseologischen (theoretischen) Systems dar. Dabei sind sämtliche Elemente aufs engste miteinander (jedes mit jedem) verflochten. Zwischen ihnen bestehen gegenseitige Abhängigkeiten und Beeinflussungen, Hierdurch entsteht aus den Eigenschaften der einzelnen Elemente nicht etwa lediglich eine einfache Summierung, sondern vielmehr eine neue Qualität, die sich durch eine hohe Dynamik auszeichnet. Dies ist die solide Basis für die heutige Kraft Deutschlands.

b) Nachteile der deutschen Mentalität

Auch in diesem Falle bedarf es unbedingt der Beachtung jener Faktoren und Umstände, die zu den Nachteilen geführt haben. Die Vorfahren der heutigen Deutschen lebten jahrtausendlang unter extrem schlechten Bedingungen. Ihnen ging es stets um die nackte Existenz. Man denke an das tragische Schicksal der Teutonen, die sechs Jahre in Folge keine Ernte hatten. Die alten Germanen hatten weder Zeit noch die Muse, um sich mit feinen Umgangsformen und mit schönen Künsten, geschweige denn mit Theorie und Philosophie zu befassen. Dies ist mit geballter Kraft im 18./19. Jh. höchst erfolgreich nachgeholt worden (Kant, Hegel). Die Germanen haben die Kultur in erster Linie von den Römern und sie wiederum von den alten Griechen übernommen. Die Germanen führten ständig Kriege gegeneinander sowie gegen kulturell überlegene Eindringlinge. So stand die Kampfkraft stets im Mittelpunkt und nicht unbedingt die Geisteskraft.

Ihre Ernährung war ebenso arm und einfach. Dabei spielten und spielen weiterhin das Schweinefleisch und insgesamt die tierischen Fette eine bestimmende Rolle. Trophologen (Ernährungswissenschaftler) haben jedoch schon längst festgestellt, dass der übermäßige Konsum von Schweinefleisch und von tierischen Fetten seit fast 42 tausend Jahren sehr negative Folgen haben kann, wie z.B. Aggressivität, langsames Denken – darauf haben schon Hegel und Klopstock indirekt hingewiesen- und Beeinträchtigung der Manneskraft. Letzteres hat Ende der 60er Jahre zu der für die nordischen Männer unangenehmen Erscheinung des Sex-Tourismus in Richtung Mittelmeerländer seitens der Frauen geführt.

Es gibt weitere Umstände, von denen die deutsche Mentalität negativ beeinflusst worden ist, wie das allseitige Zurückbleiben der Deutschen, verglichen mit anderen europäischen Völkern, wie z.B. den Italienern (Renaissance), den Franzosen (Aufklärung, bürgerliche Revolution, Menschenrechte, Kultur) und den Engländern (Aufklärung, Bürgerrechte, Industrie-Revolution, Kapitalismus, Parlamentarismus). Speziell gegenüber den kulturell überlegenen Franzosen sind nicht zu unterschätzende Minderwertigkeitskomplexe entstanden.

Die deutsche Mentalität ist auch von den Grausamkeiten im 30jährigen Religionskrieg, der zur Verrohung führte, von der totalen Militarisierung des Lebens in der zweiten Hälfte des 19. Jh. (Untertan) sowie von den mit dem Nationalsozialismus in Verbindung stehenden Barbareien und Bestialitäten, einmaligen in der Menschheitsgeschichte überhaupt, gegen die europäischen Juden und während des Zweiten Weltkrieges stark negativ beeinflusst worden. Es wird noch viel Zeit benötigt, bis die Deutschen sich wie die anderen Völker verhalten werden. Dieser Prozess wird allerdings dadurch stark beeinträchtigt, dass international einflussreiche Kräfte die Vergangenheit des Deutschen Volkes auf die nationalsozialistische Zeit sowie auf die negativen Seiten reduzieren und außerdem die Deutschen unfairerweise unter Druck setzen, um eigennützige ökonomische Ziele zu erreichen.

Folgend sollen die Nachteile erwähnt werden:

Schulmeisterei gegenüber den anderen Völkern, Intoleranz, Xenophobie (Angst vor Ausländern), gestörtes Verhältnis zu Alten, Schwerbehinderten und den Kindern, nationale Arroganz, Schwerbeweglichkeit, Neigung zur Aggressivität und zu Gruppen- bzw. Herdenbildung, fehlendes Selbstbewusstsein, Duckmäusertum, Humorlosigkeit, Verklemmtheit (Männer), immer noch Hang zum autoritären Denken, Überbewertung der formalen Höflichkeit als Kompensation für fehlende Herzensbildung, ausgeprägte Neigung zum Masochismus (Selbstzerfleischung), Gefühlskälte, Unterschätzung der Sexualität (nur die Männer) und der Zärtlichkeit, Grobschlächtigkeit (Männer), Borniertheit, oft Instinktlosigkeit sogar in den internationalen Beziehungen, starke Neigung zu den Extremen (kein Maßhalten, was zweimal zu den bekannten Katastrophen geführt hat), wenig entwickeltes ästhetisches Empfinden, fehlende private Gastfreundschaft, in der Sexualität Überlegenheit der Frauen gegenüber den Männern mit weitreichenden ethnopsychologischen Konsequenzen.

Aus der Anwendung der Systemtheorie auf diese Nachteile ergibt sich ebenso eine geballte negative Ladung, die man nicht unterschätzen sollte, denn sie birgt in sich nicht nur eine hohe Dynamik, sondern auch eine extrem starke Explosivkraft.

90. Russland und Russen, Eine Analyse aus Sicht der Geschichte und der Ethnologie

Um die Russen und speziell die russischen Politiker besser verstehen zu können, bedarf es eines komplexen Herangehens, der die Geschichte und die Ethnologie in Betracht zieht.

1. Russland gehört zu jenen europäischen Ländern, die weder die Renaissance noch die Aufklärung (es gab nur Ansätze: Lomonossow), noch die bürgerliche Revolution, noch die Demokratie, noch den Rechtsstaat, noch das Individuum, noch den citoyen, noch die bürgerlichen Freiheiten und schließlich noch die Menschenrechte gekannt haben. Es gibt insbesondere keine demokratische Tradition und als Konsequenz auch kein Demokratiebewusstsein.

Bereits in der zweiten Hälfte des 19. Jh. haben russische Intellektuelle die Ratio (Vernunft) der europäischen Aufklärung schroff abgelehnt. Dabei führten sie folgende Hauptargumente ins Feld:

a) Die westliche Denkart sei unterentwickelt, weil sie sich ausschließlich auf die Ratio stützt und infolgedessen dem Menschen nicht helfen kann, den „richtigen Weg" zu finden. Im Unterschied vom Westen würde sich die „russische Seele" als eine mythische und mystische Erscheinung präsentieren. Sie betrachteten die rationalistische Klugheit als eine westliche „Krankheit" und zwar als reine Klugheit ohne Weisheit und zugleich betonten sie die moralische Notwendigkeit, wie sie in den bekannten Romanen Dostojewskis verherrlicht wird wie z. B. „Eine Person kann weise sein, aber zum weisen Handeln reicht die Klugheit nicht aus." Oder das Vielsagende, „Das für uns wahrhaftige ist für Europa fremd".

Der Hauptgedanke Dostojewskis besteht darin, dass menschliche Probleme nicht durch die Vernunft, sondern durch den christlichen Glauben sowie durch die „Weisheit des Herzens" gelöst werden können. Dem Wesen nach hat die Mystik der orthodoxen Kirche das gesamte Leben des russischen

Volkes durchdrungen. Auch der andere Literaturriese Lew Tolstoi unterstreicht die „Reinheit“ des russischen Volkes und seine Fähigkeit, die Rettung im christlichen Glauben zu finden.

Die Gegner des Westens wurden als „Slawophile“ genannt, zu denen auch Petro Kirijewski gehörte, der auf den großen Unterschied zwischen dem westlichen und dem „russischen Geist“ folgendermaßen hinwies: Der westliche Geist führe zum Individualismus (Verwechslung der Individualität mit dem Individualismus) und hilft dem Menschen nicht dazu, die Welt in ihrer Gesamtheit zu verstehen, während der „russische Geist“, gestützt auf den christlichen Glauben in der Lage ist, das Wesen der Dinge in ihrer Gesamtheit zu erfassen.

Es fällt auf, dass solche Auffassungen eher der vorkapitalistischen Zeit entsprachen und eigentlich die russische Realität fast getreu widerspiegelten. Ihre Rückständigkeit ist durch nichts zu überbieten.

Das unfassbare ist, dass derartige Ansichten in Russland in erster Linie von Theologen aber auch von Politikwissenschaftlern und einigen Philosophen vertreten werden. Es sei in erster Linie Alexander Geljewitsch – Dugin erwähnt, der im allgemeinen als einflussreicher Berater führender Politiker, einige meinen er sei Berater auch Putins, gilt . Seine Kernthesen sind die folgenden: a) Die Werte des Westens wie Demokratie, Parlamentarismus, Freiheiten, Menschenrechte etc. seien nicht universell. b) Die „russische Zivilisation“ sei vom orthodoxen Christentum geprägt. c) Die „russische Zivilisation“ sei der westlichen Zivilisation überlegen. d) Infolgedessen Russland benötige nicht die westlichen Werte. e) Es sei notwendig, ein sacrales Großreich unter der Führung Russlands in Eurasien zu schaffen.

Das gefährliche dieser Phantasien besteht darin, dass sie vor allem bei höheren Militärs Anklang finden. Seine Schriften gehören zur Pflichtliteratur an den russischen Militärakademien.

2. Russland hatte das große historische Pech, nicht wesentliche Elemente der griechisch-römischen Kultur, sondern die christlich geprägte Kultur des byzantinischen Reiches (korrekter des Oströmischen Reiches) und vor allem den Orthodoxen Glauben übernommen zu haben. Hierdurch ist ein Gesellschafts- und Menschenbild entstanden, das starke mittelalterliche Züge aufweist, wobei die Mystik als essentielles Element der Orthodoxie eine große Rolle gespielt und weiterhin spielt, obwohl mehrere Jahrzehnte ein atheistisches Regime herrschte.

3. Die wesentlichen Elemente dieses Gesellschafts- und Menschenbildes sind die folgenden:

Jahrhunderte lang konnte kein Individuum geformt werden, vielmehr war und ist der Einzelne einer in der Masse. Somit fehlen die wesentlichen Eigenschaften des Individuums wie z.B. die Autonomie, die Eigenverantwortung und der Entscheidungswille. Der Einzelne hat sich daran gewöhnt, dass andere, z. B. vor der Oktoberrevolution das Väterchen (Übersetzung des Wortes Attila (Atta =Vater) aus den Turksprachen) Zar oder die Regierung alles für ihn regeln. En passant sei auch der kommunistische Totalitarismus erwähnt, der die Entstehung des Individuum mit allen Mitteln verhindert hat.

4. Weil das Individuum fehlt, konnte und kann sich kein moderner Bürger herausbilden, der normalerweise von der Wechselbeziehung von Rechten und Pflichten ausgeht. Aber gerade dies ist die conditio sine qua non für die Existenz eines Staatsbewusstseins. Jedoch als Kompensation für das

fehlende Staatsbewusstsein ist speziell unter Putin zielgerichtet ein überdurchschnittlich starkes Nationalbewusstsein geschaffen worden.

Somit gab es und weiterhin gibt es immer ideale Voraussetzungen für absolutistische, autoritäre und sogar totalitäre Regime. Daher ist es kein Wunder, dass Putin beim russischen Volk offenkundig beliebt ist. Dem Wesen nach ist Putin das „Väterchen" Zar. Es kann somit konstatiert werden, dass Putin für Russland der richtige führende Politiker ist. Das russische Volk kann tatsächlich mit der Demokratie nicht viel anfangen. Die Zivilgesellschaft ist leider unzureichend gebildet, ihr Einfluss auf die russische Gesellschaft ist gering. Gleiches gilt und für das belorussische (Diktatur) und sogar im Prinzip auch für das ukrainische Volk sowie für die anderen Völker mit orthodoxer Tradition (z.B. Georgier, Armenier, Moldawier, Rumänen, Bulgaren, Serben, Montenegriner und teilweise auch Griechen). Der Weg der erwähnten Völker nach Europa wird möglicherweise noch mehrere Jahrzehnte dauern.

Dass speziell Russland hervorragende Schriftsteller wie z.B. Fjodor Dostojewski, Lew Tolstoi, Anton Tschechow, Iwan Turgenjew, Boris Pasternak et alt. und Komponisten wie z.B. Pjotr Iljitsch Tschaikowsky, Nikolai Rimski-Korsakow, Dmitri Schostakowitsch, Sergei Rachmaninow, Igor Strawinsky et alt. Hervorgebracht hat, ändert nicht viel an dieser Feststellung.

More Books!

yes

I want morebooks!

Buy your books fast and straightforward online - at one of world's fastest growing online book stores! Environmentally sound due to Print-on-Demand technologies.

Buy your books online at
www.morebooks.shop

Kaufen Sie Ihre Bücher schnell und unkompliziert online – auf einer der am schnellsten wachsenden Buchhandelsplattformen weltweit! Dank Print-On-Demand umwelt- und ressourcenschonend produzi ert.

Bücher schneller online kaufen
www.morebooks.shop

KS OmniScriptum Publishing
Brivibas gatve 197
LV-1039 Riga, Latvia
Telefax: +371 686 204 55

info@omniscriptum.com
www.omniscriptum.com

OMNIScriptum

FSC
www.fsc.org
MIX
Papier | Fördert
gute Waldnutzung
FSC® C083411

Kolibri 360 GmbH
Ferdinand-Jühlke-Straße 7
99095 Erfurt, Deutschland
produktsicherheit@kolibri360.de

Druck:
CPI Druckdienstleistungen GmbH
im Auftrag der
Kolibri 360 GmbH
Ferdinand-Jühlke-Str. 7
99095 Erfurt